鲁普及 著
BY LU PU JI

公益广告
创意传播

Creative

Communication

of

Public

Service

Advertising

 上海交通大学出版社
SHANGHAI JIAO TONG UNIVERSITY PRESS

内容提要

　　本书为中共上海市委宣传部与同济大学部校共建项目"公益广告创意传播"的成果之一。创意是广告生产中最核心的问题，然而媒介技术、广告生态的演进，都决定着创意的应用场景也在逐渐发生着微妙的变化。本书重提创意，不仅将其放到作为作品的广告之中，更将其放到作为活动的广告之中展开探讨；从创意到创意传播的转变不仅突破了大众传播的局限，也拓宽了创意的场域，还丰富了公益广告传播内涵。本书内容包括创意的内涵、从创意到创意传播的转变、广告大赛的创意传播、同济大学的公益广告教学、公益广告的仪式传播等内容。本书适合作为公益广告、公益传播相关的教学参考用书，公益广告研究参考等。

图书在版编目（CIP）数据

　　公益广告创意传播 / 鲁普及著 . 一 上海：上海交通大学出版社，2024.9 一 ISBN 978-7-313-31382-9

　　I.F713.842

　　中国国家版本馆 CIP 数据核字第 20248M1H83 号

公益广告创意传播
GONGYI GUANGGAO CHUANGYI CHUANBO

著　　者：鲁普及

出版发行：上海交通大学出版社　　　　　　地　　址：上海市番禺路951号

邮政编码：200030　　　　　　　　　　　　电　　话：021-64071208

印　　制：上海盛通时代印刷有限公司　　　　经　　销：全国新华书店

开　　本：710mm×1000mm　1/16　　　　　印　　张：13

字　　数：211千字　　　　　　　　　　　　印　　次：2024年9月第1次印刷

版　　次：2024年9月第1版

书　　号：ISBN 978-7-313-31382-9

定　　价：98.00元

序 1
Preface one

在这个营销为王、流量挂帅的年代，广告传播和宣传手段层出不穷，各出奇谋，围绕着 ROI（投资回报率）为企业做出业绩。各种奇思妙想与创意层出不穷，然而大多数广告人的目光却集中在如何为企业促进销售，强化品牌形象。在这样一个趋利的环境中，广告的真正意义——究竟是纯粹在于创造商业价值，为企业实现销售目的，还是在于广告营销的同时也能肩负社会责任？这可能是一个伪命题，却是值得我们深思的问题。

在此背景下，鲁普及老师的《公益广告创意传播》一书，宛如一股清流，让我们重新审视公益广告的价值，更没有让我们忘记公益广告的好创意。鲁老师不仅是一位资深的教育工作者，更是一位积极投身于公益广告创作与传播的实践者。他参与了众多公益广告相关活动，频繁且积极地为社会贡献自己的智慧和力量。事实上，我与鲁老师的缘分，正是来自多年来多个有关公益广告创意评选的活动，尤其是连续几年在上海大学生公益广告大赛、长三角公益广告大赛中，我们有幸共同见证了无数优秀公益广告作品的诞生。鲁老师始终坚信，广告不仅仅是为了商业利益，更是一种社会责任的体现。他用实际行动证明，公益广告不仅可以传递温暖和关怀，还可以激发人们的社会责任感，推动社会进步。他的这本书，正是多年实践与教学经验的结晶，是对公益广告创作与传播的深刻理解和独到见解的全面总结。

《公益广告创意传播》一书从理论到实践，详细阐述了公益广告创意传播的各个方面。通过丰富的案例分析和深入的理论探讨，鲁老师为读者提供了全面而系统的知识体系，帮助大家更好地理解和创作公益广告。同时，他还结合自身的创作经历，分享了许多宝贵的经验和心得，使得本书不仅具有理论价值，更具实践指导意义。在书中，鲁老师强调了公益广告创意的重要性。他认为，创意不仅仅是形式上的创新，更是内容和思想的深度融合。一个成功的公益广告，往往能够直击人心，激发观众的共鸣，进而促使他们采取行动。

　　作为鲁老师的朋友，我深知他对公益广告的热爱和执着。他始终坚信，推动公益广告发展不仅是一份工作，更是一种使命。他希望通过自己的努力，能够唤起更多人对公益事业的关注和参与，共同为社会的进步和发展贡献力量。在此，我衷心祝愿鲁老师的书能够取得成功，影响更多的人投身于公益广告创作中，为社会传播更多的正能量。同时，我也希望更多的读者能够通过这本书，了解到公益广告的独特魅力和重要价值，激发创作灵感，为社会带来更多有意义的改变。

　　公益广告创意传播是一条充满挑战的道路，但我相信，有了像鲁老师这样的热心创作者和传播者，我们的社会将会变得更加美好。让我们一起期待这本书的出版，共同见证公益广告的力量和魅力。

著名广告人、MATCH·马马也创始人

2024 年 7 月 23 日

序 2
Preface two

"万物皆媒介"，同济大学艺术与传媒学院结合学校在艺术、传媒、设计、建筑、城市、人工智能等学科方面的资源优势和新闻传播学科教育实践方面的经验，确立了"全媒体 + 大艺术"双轮驱动、跨越发展的战略。学院以新闻传播学一级学科为主线，以马克思主义新闻观为指导，以"跨媒介新型传播"为特色，聚焦媒介文化、智能传播、城乡传播和视听传播四大研究方向，贯通专业与学科边界，致力于打造国内一流的传媒与艺术高地，培养艺术与传媒领域的社会栋梁和专业精英。

同济大学广告学专业创立于 1995 年，是艺术与传媒学院新闻传播学科建设的重要组成部分，体现了理论、技术、实践的融合，是传播学、市场营销学与设计学等的交叉。近年来，广告学专业相继参与承办了"'东道杯'国际大学生创意大赛""上海大学生公益广告大赛""首届长三角公益广告征集大赛""'我们的上海'2023 上海市公益广告作品征集大赛"等多项赛事活动，在很好地履行大学社会服务功能的同时，也树立了同济大学在公益广告领域独特的形象。此外，学院还在嘉定校区惟新馆创建了 500 平方米的"上海公益广告展览馆"，"上海市公益传播创作研究基地"也在紧锣密鼓地筹建之中，这些都使得公益广告成为同济广告的鲜明特色之一。

作为学院"公益广告研究中心"主任，鲁普及老师在以上各项公益工作中都发挥着关键的作用。同时，鲁老师指导学生屡获公益广告类奖项，如中央文明办、教育部、人民日报社主办的"全国公益广告大赛"一等奖、"北京国际公益广告大会"创意征集大赛一等奖、上海大学生公益广告大赛一等奖、亚洲创意设计奖评审奖等；还出任多项公益广告类赛事评委，贡献了公益广告领域的同济力量，如"中国公益广告黄河奖""设计之都（中国·深圳）公益广告大赛""上海市优秀公益广告作品展""上海大学生公益广告大赛"等。更为重要的是，他在公益广告领域十年如一日的坚持，展现了强烈的责任心与使命感，始终以学院公益广告发展为己任，乐于奉献、行胜于言、凝聚师生、从无到有，逐渐为同济的公益广告发展打开了局面，为广告学专业发展赢得了殊荣。

"公益广告创意传播"是学院为落实中共上海市委宣传部与同济大学有关"部校共建暨院媒合作"而资助的系列项目之一。作为该项目的阶段成果，本书浓缩了鲁老师近年来关于公益广告的所思、所悟、所行，也比较完整地展示了公益广告领域的同济实践。本书围绕着广告创意展开，从作品层面的本体论入手，到接受层面的知识论，再到传播层面的境域论，从静态到动态、从课堂到社会、从作品到活动，逐渐展现了创意应用的宽阔场景。这不仅仅局限于以广告的专业眼光看问题，而是站在更为宏观的视角，对于创意与传播关系、创意与设计的契合、公益传播路径等展开的一番具有学术创新意义的探寻。而这显然与鲁老师常年组织各类公益广告活动，广泛接触政、产、学、研不同社会层面人士，不断拓宽视野、丰富阅历是紧密相关的。相信此书的出版能够成为同济公益广告发展的里程碑，并对上海，甚至全国的公益广告发展起到相当的助力和推动作用。

是为序，并祝愿鲁普及老师学术长青！

同济大学艺术与传媒学院院长

2024 年 8 月 9 日

目录
Contents

特别感谢中共上海市委宣传部与同济大学部校共建项目的支持

2022 年笔者有幸参加上海市市场监督管理局"上海市公益广告促进与管理制度研究"课题的调研工作，发现目前公益广告的发展面临着诸多难题，并且公益广告生产依然是其中非常突出的短板。创意是广告生产中最核心的问题，然而媒介技术、广告生态的演进，都决定着创意的应用场景也在逐渐发生着微妙的变化。此番重提创意，不仅将其放到作为作品的广告（advertisement）中，更将其放到作为活动的广告（advertising）之中展开探讨；从创意到创意传播的转变不仅突破了大众传播的局限，也拓宽了创意的场域，还丰富了公益广告传播内涵。

绪论
Introduction

从公益海报开始。

我刚进入大学的时候，正值 20 世纪 90 年代末全国上下掀起海报热潮之时。大家都执着地认为海报设计就代表着一个设计师的最高水准，平日里同学们都是争相谈论着冈特·兰堡、福田繁雄、金特·凯泽、靳埭强、余秉楠、陈绍华、王粤飞……学长陈放凭借作品《胜利》获得法国肖蒙广告节全场最高奖的消息更是激励着我们见缝插针地借用同学的 486 电脑运算出稚嫩的海报来。现在想来那时设计的海报都不是来自商业的委托，基本上算公益海报了。本科毕业那年，我还以一片夹竹桃的叶子为元素设计了四幅环境保护主题的公益海报，并在湖北省美术馆展出，看到近两米高的海报一字展开在高大上的白立方里，一股专业的自豪感油然而生……时至今日，很多师友聚会或者通话，还冷不丁问道一句"你还做海报吗？"瞬间将人拉回那血脉偾张的激情年代，也引来双方哈哈直笑。

2002 年我来同济读研那会儿，正值导师林家阳先生甫到同济，我和另外四位研究生成为办大赛的主力。两年多的时间里，我们承办了三次大赛，经历了从"靳埭强设计基金奖"到"全国大学生视觉设计大赛"的演变，其中有两次可算是公益类的："上海 2010 世博会"主题招贴设计大赛和"北京 2008"主题招贴设计大赛。我本人还在"北京 2008"主题招贴设计大赛中获得了银奖、铜奖各一项，这也是我第一次获得招贴设计类的奖项。此处的招贴就是海报了，是另一种更强调文化性和创造力的提法。那时互联网还很不发达，大赛组织工作都在同济大学德国中心（现为逸夫楼）顶楼的"同济大学设计艺术研究中心"内进行，其中最烦琐的工作是邮寄参赛资料和接收光盘投稿了，打电话确认地址、装信封、贴地址、糊信封、骑三轮车往邮局送挂号信、收快递、读光盘、登记作品、手工编号……大家各司其职，忙得热火朝天，林老师时不时拿出各种美味的小点心分发以示激励。那场景像极了我儿时在农村里看生产队长带领村民一起开挖水渠的场景，每家出一个劳力，分工合作，有说有笑，甩开膀子比着干。唯一不同的是，村民们热到极致之时会长啸一声"哦——"，仿佛就能唤来阵阵凉风。彼时的林老师意气风发，说日理万机也不为过，我们可不敢在他面前造次，更不要说吼上一嗓子。在那些办大赛的日子里，最大的乐事便是看到很多脑洞大开的创意，至今依稀能回忆起许多魔性的海报。

2015年恰逢同济大学广告学专业成立20周年，在东道品牌创意集团董事长解建军的帮助之下，我作为总协调人组织策划了以"食之安·人之续"为主题的公益广告赛事——"东道杯"国际大学生创意大赛。从此也着意在同济大学开展以"公益广告"为内容的教学和社会服务活动，一晃已十年时间了。在人生30岁之后的黄金时段里来做这件事情，一方面是源于当年对公益海报的情怀，在组织活动的过程中我能每年看到几千幅公益海报，颇为亲切，还能看着它们经过一轮又一轮遴选成为获奖作品，直至出街展示；另一方面则是我本职工作的考量了，既然阴差阳错地在广告学专业执教，不如在允许的范围之内做些自己感兴趣的事情，这样即便一事无成，这个过程也是令人愉悦的、享受的。何况在此过程中，我也发现不管什么广告类型，从海报到视频、广播、H5、互动装置，甚至是线下活动……"创意""创意思维"都是相通且弥足珍贵的，而它们的差别是在外在形态和操作技术层面上，这个过程也成为我拓宽视野、丰富人生体验的经历了。

随着媒介技术、传播手段的升级，信息更新迭代不断加速，广告运作模式和业界生态悄然改变，广告形式也随之发生了此消彼长的变化，视频、互动类广告等的权重也远远超过了海报。哪怕是视频广告，作品本身的重要性也在下滑，人们不再盲目追求高投入、长周期、大制作，而是追求短平快

的传播，追求广告"作品"结构本身以外的传播价值和效果。可以这么说，那个关注视觉的结构，作品至上的时代已经一去不复返了。然而，创意依然在广告中占据着最为核心的位置，只是创意不仅要解决广告传播中的"说什么""怎么说"问题，还要关注在什么时间、什么空间说，以什么样的方式与社会互动等，这些都成为创意探寻的重要领域。也就是说，创意从为公益广告作品服务延伸到了为公益广告的整个传播过程服务，具身性的参与体验成为广告手段，创意是培育传播的"种子"——通过塑造沟通元，在沟通元"播"出去后再与生活者共享、共创、共变，最终渗透在这个动态过程中并达成传播目标。公益广告从原来的"创意—作品"模式，逐步向"创意—传播"模式转变，公益广告大赛／展览都值得从创意传播的角度重新审视其价值和提升其实际成效。

长期以来，我国家国同构的社会形态一直在强调国家利益、集体利益，而改革开放以后全社会承认了个人利益追逐的正当性，全社会创富热情被点燃，多元化的利益格局逐渐形成，这也直接导致了环境污染、资源浪费、恶性竞争等公共利益受损的情况出现。公益广告因其主要诉诸公共利益，其价值日益为人们所认识，我国各级政府机构陆续出台一些促进和管理公益广告的政策、文件，甚至直接下场组织各类不同形式的公益广告作品征集大赛活动。高校方面，党的十八大报告首次提出把立德树人作为教育的根本任务，全国上下大兴"课程思政"之风，公益广告也必然成为越来越多高校广告学专业比较热门的学科领域。近年来，同济大学在公益广告领域参与的活动越来越多，蒙同仁们抬举，总说同济的公益广告颇具特色。为了尽可能地名副其实一些，笔者就萌发了对这十年做个相应总结的想法，计划包括两部分：一是集中梳理同济大学公益广告教学、社会服务方面的一些做法和成绩；二是这些年来同济大学邀请了公益广告领域众多创意、设计大咖来同济校园传经送宝，笔者希望编撰他们的奇思妙想和对行业发展的真知灼见，以助力于青年大学生的学习成长及促进行业的整体提升和进步。在具体的编辑过程中发现两者还是分开更好，于是前一部分《公益广告创意传播》得以独立成书。

同济之实践

全书的内在逻辑

创意的三个维度

结构——表达——体验

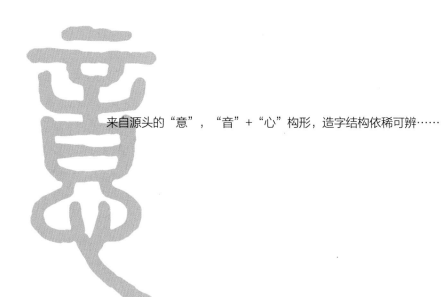

来自源头的"意","音"+"心"构形,造字结构依稀可辨……

作为"自在之物"的创意

旧元素新组合

追求自身结构的表现力

——以结构为中心

字形方正的"意"，可作楷模，易于辨识、阅读……

作为"为我之物"的创意

合目的性的诉求表达
追求意识沉浸

——以表达为中心

字形多变的"意"，狂放不羁的时间艺术，引人自行体悟、沉浸……

作为"关联之物"的创意

共享、共创、共传、共变
追求具身沉浸

——以体验为中心

创意的理解
Understanding Creativity

图1-1 1月23日/鲁普及

创意其实很简单——现有事物（卷尺）的新鲜表述，特定场景的应用就是其中的一种。本书开始排版的时间恰好是2024年1月23日，本图形应景地放在开篇处，就是创意！

1.1　什么是创意

创意的定义

创意是个时髦的词，也是个用得比较泛滥的高频词。大家都在谈论创意，但是所谈创意大概率存在着不尽相同的意指。创意一般是指"创造性的意念、新颖的构思[1]"。追求创造性和新颖性是从事众多领域、行业都需要的一种能力和品质，从科技工作者到艺术工作者，从脑力劳动者到体力劳动者无一不孜孜以求。厉无畏主编的《创意产业导论》中将创意分成科技创意和文化创意两种类型，并指出前者从效率出发，旨在改变功能结构以提供更高的使用价值，而后者则是从人们的感受和体验出发，创设了某种文化和观念价值。更进一步分析的话，科技创意是属于创新的范畴，主要面向的是物质世界，与物质生产紧密结合，对应的英文是 innovation（创新），而文化创意才是人文社会科学主要讨论的创意，更多面向的是人类的精神世界，对应的英文是 idea、creativity、creative 等。idea 是想法、构思；creativity 强调有创造力的"性质"，也可翻译为创造力、想象力；creative 则表示创造性的、富有创造力的，也可指具有创造性的想法、素材和富有创造力的人。这一划分为讨论创意框定了明确的范畴，也为理解创意提供了必要的语境。

即便是在文化创意领域，人们对于创意依然有着多样不同的阐述。如赖声川认为"创意是生产作品的能力，这些作品既新颖（也就是具有原创性、不可预期），又适当（符合用途、适合目标所给予的限制）[2]"，即有目的的创新能力，适合的英文翻译应该为 creativity。威廉·阿伦斯等也认为创意（creativity）是"将过去毫不相干的两件或更多的物体或观念组合成新的东西[3]"。美国广告界的教务长詹姆斯·韦伯·扬更早地在《创意》一书中提出"创意就是以前要素的一个新的组合[4]"，全书与创意对应的英文用的是"idea"，和大卫·奥格威倡导的"big idea"是一致的。在此基础上，金定海、郑欢则将创意进一步完善为"主体在对事物之间关系的重新定义中，将人生与审美的差异体验符号化、价值化、传播化的过程[5]"，不仅对于创意进行了一个操作层面的描述："重新定义"，而且将个性化、非物质化的"体

[1] 罗玲玲 . 创意思维训练 [M]. 北京：首都经济贸易大学出版社，2021:7.

[2] 赖声川 . 赖声川的创意学 [M]. 桂林：广西师范大学出版社，2011：21.

[3] 威廉·阿伦斯，迈克尔·维戈尔德，克里斯蒂安·阿伦斯 . 当代广告学 [M]. 丁俊杰，程坪，陈志娟，译 . 北京：人民邮电出版社，2013:178.

[4] 詹姆斯·韦伯·扬 . 创意 [M]. 李旭大，译 . 北京：中国海关出版社，2004：26.

[5] 金定海，郑欢 . 广告创意学 [M]. 北京：高等教育出版社，2013：5.

验"明确下来，并提高其附加值，实现传播的目标。该定义将"创意"视为一个过程，倾向于做了一个动词的定义，却也暗含了名词创意的内涵——在不同事物之间的组合中通过洞察关系、诠释关系来表达人生与审美"体验"，这算是非常完善的定义了。

从本体论上看，创意的存在在于其自身的结构，即不同事物之间的组合，是不断打破旧格式塔又不断产生新格式塔的过程。对于创意本体的认识，可以了解创意的基本特征，总结出创意的基本方法，从而能解决基础的创意生产问题，这是日常创意学习中占比最多的内容。然而，如果只见物不见人的创意，要达成认知、认可、认同，实现传播目的和价值增值的话，停留在此层面是远远不够的，尤其是在信息过剩的当下。

从知识论而言，创意的存在不在其本身的结构，而是主体对于创意的认识（对象性），即进入人的意识之中，形成的关于创意的表象、观念，其中包括新颖度、实用性、适宜性的判断和符号的解释等。我们生活中接触到的对于创意的各种描述，很多就是基于知识论的判断，因为在创意中纳入了人的维度，因此更能反映创意的本质。然而，不同主体的知识结构、人生阅历、工作目标都有着诸多的差异，很容易产生完全不同的对于创意的理解和五花八门的表述，甚至于很多人认为创意不可定义。特殊的知识不能解决一般的问题，固定不变的知识也解决不了变化莫测的社会问题，秉持着知识论易于陷入某种偏狭之中，而导致创意失效、失能。

从境域论而言，创意的存在在于结构与主体、主体与客体的关联性，尤其是后者，创意主体与客体是共创、共谋、共变的关系，创意是创意人与受众共同参与、互动的精彩呈现。虽然创意初始阶段的直觉、想象、灵感、顿悟都是个人化的，但是创意的确立、媒介化都有着极强的社会性考量和限制，很多时候甚至是在社会扩散的过程中流变、丰满起来的。因此，很多的创意脱离了一定的语境往往就不能发挥其应有的价值。也正是这个原因，很多优秀的创意人往往拥有热爱生活、阅历丰富等特质，能够对于人、人情、人性有着较为深刻的洞察，并不断在与社会互动的过程中，实现与社会思潮的共舞，并在日常生活中找到持续的"源头活水"。相较于完全个人化的想象、

[1] 托马斯·L·萨蒂. 创造性思维: 改变思维做决策 [M]. 石勇, 李兴森, 译. 北京: 机械工业出版社, 2018: 46.

[2] 钟璞, 许青. 论创意的文化来源与哲学本质 [J]. 湖南社会科学, 2018(5):166-170.

[3] 赖声川. 赖声川的创意学 [M]. 桂林: 广西师范大学出版社, 2011:147.

[4] 詹姆斯·韦伯·扬. 创意 [M]. 李旭大, 译. 北京: 中国海关出版社, 2004:32.

联想, 与社会同频共振的创想更加彰显了其专业性, 这似乎更加接近创意的全貌。

广告传播为讨论创意做了更为具体的限定——基于传播的创意, 也叫创意扩散。创意并非客观的实在物, 不能单独、抽象地存在, 而是凭借创意人的创想将其凝结于一定的媒介之中, 以符号、文本的形式固定下来才能被人感知到。创意的生产、判断、扩散都要依据一定的语境, 受众在期待和想象中驰骋, 进而获得新鲜的心理感受、情绪反应、认知升华及生命体认, 当然也包括较为特殊的审美体验。因此, 我们有理由将创意进一步表述为: 主体在关系的重新定义中将个人化的人生、生命体验融入社会并获得认同和扩散的过程。

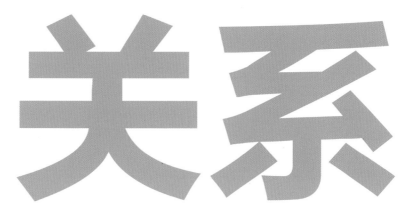

创意思维

无论怎么定义创意, 其核心还是在"关系", 创意本质上是一种事物之间关系的洞见和呈现。创意往往包含两个或者两个以上物体的连接或类比关系, 或以前从未出现过的关系形式 [1]; "创意就是要超越界限, 重新定义事物和事物之间的关系" [2]; 赖声川认为"创意的精髓在于事物之间的联结 [3]"; 詹姆斯·韦伯·扬曾明确指出"只有具备认清事实之间关系的才能, 方可提高创造新的组合的能力" [4]……这些都充分体现了这一点。

关系的洞见，可以分成"揭示关系型"和"创造关系型"[1]。前者是发现既有的事实与事实之间必然联系，可以是内容上的关联，还可以是形态上的相似，只因其处于被人们熟视无睹的状态而具有一定的新颖性，一经揭示立刻能获得人们的意会与认同；后者则是为了某种观念表达或情感抒发而创建的一种"合情但不合理"的关系，在特定的目标和特定的语境下有着某种合理性。需要说明的是，这里提到的"事实"可以是具体的人、物、文字、视觉元素，也可以是抽象的服务、观念、情感……当然还可以是时间、空间或事件。关系的呈现则是根据关系来巧妙地组织文字、图形、影像以形成可感、可传播的文本结构来表达观点或情感过程。创意的洞见和呈现，都是创意不可或缺的部分，不可偏废。

需要说明的是，任何不同的事物展开几番联想和想象，兜兜转转下来多少都会有些千丝万缕的联系，然而并不是所有的联系都属于创意洞见。对于文化创意领域的创意而言，关系是否成立并非一定是理性、客观的，但也是有着自身的规律可循，即关系的必然性不以任何个人意志而转移，而是须合乎具体语境，能够被创意客体接受，最终由社会来赋权。因此，关系的洞见和表现都并非一件简单的事情，这也恰恰是创意的微妙之处和令人着迷的地方。

[1] 鲁普及. 图形创意与想象[M] 合肥: 安徽美术出版社, 2017:70.

1.2 创意的内涵

近年来国内外一些广告节纷纷更名为"创意节"，如戛纳国际创意节、ONE SHOW 国际创意节、台北国际创意节等，将"广告"这一大众传媒时代单向的信息说服活动拔高为"创意"，以应对数字媒体时代带来的广告领域的巨大变革和挑战。如若要更加深入地理解创意，还须进一步将创意放到广告传播设计这一垂直领域来，结合当下媒介技术和文化语境重新来对创意探寻一番，才能回答究竟创的是什么"意"。

图 1-2 传承 / 鲁普及 / 2004 年作

揭示关系型

金茂大厦采用现代的钢筋玻璃材料，参考中国古塔的造型，根据其模数变化设置了从下往上高度递减的结构。《传承》即通过揭示新旧建筑之间的必然联系，来表达文脉的传承概念。

图 1-3 文化引力 / 鲁普及 / 2019 年作

创造关系型

比萨斜塔和虎丘塔之间本没有必然联系，但是在中意建交 49 周年之际，在中意两国文化交流的背景下，《文化引力》所创造的两者如磁场般互相吸引的关系就显得再合理不过了。

创造意外

首先要说明的是新颖也好，创新也罢，都是相对的，毕竟"资讯爆炸的今天，信息过载早已让优质内容的价值和不可替代性急剧降低，没有绝对原创的内容[1]"。因此，创造性和新颖性，用充满心理学和比较意味的"意外"一词来表述更为准确，所谓"情理之中、意料之外"是也。

从意外的客体方面观之，事物之于主体而言无非三种情况：①全新（完全新颖）；②半新半旧（部分新颖）；③陈旧（非常熟悉）。能够产生意外之感的要么是全新，要么是部分新颖。从视觉传播的角度而言，"完全新颖"固然招眼，但从接受的角度而言则常是不利的，美国现代平面设计大师保罗·兰德就说过"新事物让人感到受威胁，而旧事物让人安心[2]"，而且新事物在理解上也面临着相当一部分受众找不到合适"符码"解释的问题，这直接意味着传播成本的畸高。因此在视觉传播中更多是采用"部分新颖"，有新有旧、新旧结合，这是广告人经常说的"旧元素新组合"。此外，完全陌生的事物，给人的感觉是新鲜、好奇，人们很难有什么明确的心理期待，自然也就没什么意外可言了。相反，我们对于具有一定熟悉度的事物，才会对其有一定的成见和预判，也就是心理预期。当这个熟悉事物的部分、要素、结构，或者是所处的时空参照系异于心理预期时，便给人一种意外之感。

从意外的主体方面观之，"意外"表明创意背后隐藏着某种"比较"，并在比较之后得出了新颖、意料之外的主观判断。也就是说，我们认为某种事物、想法、方法有创意，都是在特定的时间就某一领域、行业内的固有认知或某一常规结构、做法的比较而言的，这反映了创意是对于判断主体自身视野、见识或理解能力的一种超越性。正因为如此，拥有不同知识结构、阅历的人理解的创意，甚至同一个人或同一群人在不同的时间段判断的创意都有着一定的差异。因此，创意是因人而异、因时而异、因空间而异的。今天的创意，很可能就成为明天的行业惯例；此领域的创意在其他领域却是司空见惯的常规操作。从这个意义上讲，所谓的"创意"并不是绝对的，也没有所谓放之四海皆准的标准，从某种意义上可以说，创意是特定的主体基于自身知识、见识的"大数据"比对后的主观经验判断。

[1] 房瑗. 从"传播仪式观"看自媒体品牌传播策略：以微信公众号"概率论"为例 [J]. 青年记者,2019(8):93-94

[2] 保罗·兰德. 设计的意义：保罗·兰德谈设计、形式与混沌[M]. 长沙：湖南文艺出版社,2019:32.

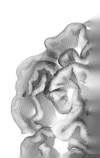

同一元素的新组合

图 1-4 花朵 / 孙钰婷 / 教学指导作品

生活中司空见惯的辣椒，只因打
破了原来的结构，以新的形态呈
现出来，便给人"意外"之感——
这便是旧元素新组合的创意，也
是创意最显性的特征。值得注意
的是，结构创新是本体论层面的
创意，其究竟能发挥多大的传播
附加值与具体情境具有强关联，
处理不好这个关系极易落于叫好
不叫座的窠臼。

意外

新与旧、常规与突破之间的关系——击穿注意力屏障的利器

意象

象与意、物质与意念的关系——打破心、物阻隔，传情达意

意义

能指与所指、结构与世界的关系——完成认知和价值判断的表达

20 世纪 60 年代的广告大师威廉·伯恩巴克提出了 ROI 理论，即认为优秀的创意应该具备三个特征：关联性 (relevance)、原创性 (originality)、震撼力 (impact)。这里的原创性就是主观的，是否具备原创属性的判断也是因人而异的，笔者常有在别人说的原创作品前一脸茫然的经历，只因多年前就见过类似的，这个所谓的原创于我而言毫无意外之感。非要从美好的愿望出发，在创意本体上来提倡"原创"的话，将其理解为"原创度"更容易站住脚，也更契合了意外的特性。

原创更多的是从作品属性角度来表述，强调"意外"并没有丝毫诋毁创意的价值和获取创意的艰难，而是从受众心理的角度帮助我们理解创意的本质。这也颇为符合广告传播的学术传统，广告学诞生之初的很多学者都有着心理学的背景，如第一位将心理学应用于广告的学者沃尔特·迪尔·斯科特于 1903 年就出版了《广告原理》一书。创造"意外"就是要创造超出预期的体验，是对于陈词滥调的否定，意外既包含冲破了感官疲劳的刺激，又有概念突破的冲击力，可以突破人们的选择性注意、选择性理解、选择性记忆，从而创造出超越预期的心理体验，这对于促进广告传播效果的达成是大有裨益的。从这个角度而言，广告传播也可被视为贩卖"意外"的行业。

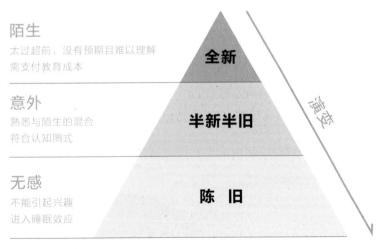

图 1-5 新颖的分类

图 1-6 言尽意 / 鲁普及 / 2017 年作

言言言言言尽意
FULL EXPRESSION

WOR

创造意象

中国人有着极强的崇象思维，从"观物取象"到"不可言传""文不逮意"，再到"立象尽意"莫不印证了这一点。"意象本质便是通过对物质进行媒介化生产以成视觉化的象符，并在象符中进行主体情感与意志的隐喻，进而弥合"言"与"意"之间的某种区隔。[1] "意象是情感与意义的载体，创造意象也是表达意义的方式，既有关系的洞见，又有关系的艺术化呈现。意象中的"象符"是所凭借的物质载体和传播介质，"主体情感与意志"则是意象要传达的信息、诉求，此时创意的关联性主要体现为意志与象符的相关性。意象经过编码加工成为文字、声音、图像等多种文本形式，对于视觉文化时代的广告而言，更多地就变成视觉形式的图形、图片或影像了。

意象，以象示意的方式在传情达意的效果上比"言说"具有更佳的效果。语言属于强编码符号，相对而言其表达和传播的精准度更高，其凭借共同的符码来实现准确的编码、解码，符号和意义一一对应，抽象、平面且具有很强的稳定性、科学性。而意象则以象类物、以情绘象、以有限象符，通过暗示、召唤、隐喻、借喻、象征、引申等方式表意，虽具有一定的模糊性，却是高语境、高文化属性的表达。在效果上，意象具有独特的优势，其以有限表达无限，需要解码者主动参与体验、会意、共情，意义空间相对开放、自由、立体、丰沛，能够在情感流动和符码交换中填补传播主、客体之间的认知、情感认同鸿沟！"编码者与解码者的生命体验在意象中相互交流、升华，获得境界提升、自我确认、价值认同和精神皈依，抵达万有相通的精神家园，这是传播的最高境界[2]。"在数字媒体空间中所有创意客体都处于信息过载的状态，仅在理智上完成信息的扩散和转移，多数情况下会被迅速淹没、遗忘，如水面上的涟漪一般迅速归于平静。与此同时，能够在感性上引发解码者主动沉浸并产生情绪、情感反应成为传播效果的重要保障，这也是很多时候点击率、到达率、流量受人诟病的主要原因，毕竟知道和理解、认同、行动还有着相当的距离。

值得一提的是，作为一种极为特殊的意象——意境，专指"超越具体的、有限的物象、事件、场景，进入无限的时间和空间，从而对整个人生、历史、

[1]谢清果，韦俊全.意象中国:作为华夏文明传播符号的"意象"及其传播模式[J].新闻与写作，2024(1):45-55.

[2]宋湘绮，江思颖."意象传播"刍议[J].湖南大学学报(社会科学版)，2022.36(4):154-160.

英国《卫报》2019 年发布的公益广告《希望就是力量》，描述了一只被困的蝴蝶倔强地一次又一次撞击窗户。就在观众以为蝴蝶是在做无用功时，窗户玻璃出人意料地被撞碎了，蝴蝶飞出窗外，自由翱翔，象征着希望的胜利……此作品中，蝴蝶不认命、倔强地反复撞击玻璃的意象，却能让人感同身受，联想到自己的人生处境，进入一种"同物之境"中，其结局也给人以勃发的力量之感。

图 1-7 希望就是力量（视频截图）/ 英国《卫报》

[1] 叶朗. 美学原理 [M]. 北京:
北京大学出版社, 2009.

[2] 尤西林. 有别于涵
义（meaning）的意义
(significance)[J]. 学术月
刊,1996(10):21-26.

[3] 赵毅衡. 符号学 [M]. 南京:
南京大学出版社, 2012.1.

宇宙获得一种哲理性的感受和领悟 [1]"。虽说这是美学上的表述，对于广告传播设计而言，却依然有效且难能可贵。英国《卫报》推出的公益广告《希望就是力量》（见图1-7），借用蝴蝶表达了一种"同物之境"。一只被困住的蝴蝶，不屈不挠地撞击玻璃窗，在多次"无用功"之后意外冲破束缚获得自由，翩翩起舞……寥寥几字的广告语点题，却把我们都代入其中，激发出对于时代、人生处境的反思，并给人以勃发的力量，这就是借助同物之境表达的公益广告作品。

创造意义

创造意外是创意的外在特征，是增强传播效果的手段，而创造意义是在作品中注入一定的认知和价值判断，使新颖的结构合于人的某种"目的性"，是最终达成广告传播意图的内在要求。陕西师范大学尤西林教授曾撰文将"意义"的两个英文译名——涵义（meaning）和意义(significance)进行了深入辨析，颇有启发价值。虽然这两个英文单词均可译为意义，但前者指称的对象是确定的、可经实证的，具有一定的客观性、普遍性和科学性，在广告传播中专指符号可以被另外符号解释的潜力，是符号表达的内容。而后者指称的非实在对象，是某种精神境界，是人性的升华，是"终极目的尺度" [2]，属于价值判断层面，虽然少部分商业广告中也有提及，但更多地出现在公益广告当中，是着眼于全人类、全社会发展角度而对个体提出的规劝和价值引导。总结一下，意义可以分成"表意"的意义和"表价值"的意义，此两者都属于创造意义的内容。

"表意"的意义（meaning）是符号学的阐述角度，适合分析广告作品。意义是通过广告符号传达出来的关于产品和服务的信息，是广告作品的基本诉求。前文提到的创意三原则 RIO 理论中的关联性就是强调广告的符号载体与广告主的现实需求之间的联系，并将其视为检验创意的第一原则，足见广告传播中表意的重要性。"意义必须用符号才能表达，符号的用途是表达意义 [3]"，因此，此时的创意可以理解为生产符号及其组合（文本）的过程，利用文字、图画、影片、物件、动作等在意义缺席的情况下实现广告信息的

汉语成语"同门共业"出自汉·桓宽《盐铁论·殊路》，为同在一位老师的门下读书之意。本小品以篆书"同"字为原型，字形高耸，呈现出门的意象，是对"同门"这一大学学术传承模式的宣扬，又因"同"字也是同济大学校名的第一个字，故也有同济之门的寓意，表达了汇聚同济门下，共图未来发展之内涵。

图 1-8 同门共业 / 鲁普及、吴二强 / 2019 年作（落成于同济大学嘉定校区）

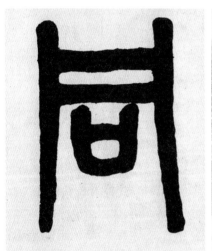

图 1-9 篆书"同"（吴大澂书）/ 摘自书法字典

图 1-10 东林旧迹门牌楼 / 姜星摄

[1] 刘礼堂, 张子帆. 论意思、意义与意象: 兼论"诗本体"[J]. 江汉论坛, 2020(3):77-81.

[2] 张国良. 传播学原理[M]. 上海: 复旦大学出版社, 2014:181.

跨时空的传输。表意的意义主要由文本结构产生, 很多内容是约定俗成的, 相对稳定和客观, 在大众传播时代大行其道。

"表价值"的意义 (significance) 则是哲学的阐述角度, 适合分析一切广告活动。"意义连接了语言系统和生活世界[1]", 不管是广告传播中凭借的文字、声音, 还是视觉语言的创意活动, 其关键都在于建立这些语言结构与人们生活世界的联系, 不断在关系的重新定义中将人的精神世界符号化、价值化, 其中显然又回到"以受众为中心"的传播思路。意义与自我意识、人生境界紧密相关, 是人性化的体现, 也是对终极价值目的的追问。此外, 意义还跟传播紧密相连, 符号互动论认为意义取决于符号交换、人与社会的互动, 即是"与传播过程共生、共存、共变的[2]", 因此创意和传播是一对孪生关系。对于视觉传播领域的广告、传达设计而言, 创造意义的基本目标是完成"涵义"的表达, 最高目标则是"意义"的抒发, 以实现社会认同、形象树立、文化表征的作用。

以上三者是按照主体由外向内感知创意的次序来论述的。意外是第一印象, 是一种感觉。达到意外看似简单, 却极其考验创作主体的视野、阅历和知识储备; 创作者须对于社会思潮、舆论环境、审美时尚的变化具有敏锐的感知力和理解力; 须很好地平衡个人与社会、新和旧之间的关系。因其大大超出抽象的专业理论和知识的范畴, 须长期修炼, 跨领域地学习, 故而我们常说创意是"工夫在诗外"。意象包含了知觉形象和意境, 是创意载体作用于人的感官而形成的整体认识, 是创意与人类情绪、情感的连接, 是击穿心物屏障, 提升创意吸引力、表达力的重要手段。这对于创意主体的形象感知、表象思维、想象力都有着一定的要求。意义是创意中注入的认知和判断, 是创意与人之间的目的性连接, 是创意价值的体现。相对于前两者而言, 创造意义经过了更多的信息加工处理, 更多地依靠概念进行推理、判断等思维活动。此三者在具体的创意中可以同时出现, 也可以仅仅达成其中的一项或两项, 具体根据创意的目标、运用场景、可凭借的客观条件而定, 总之运用之妙, 存乎一心。以公共艺术作品《同门共业》为例, 其意外体现在发现了高篆的篆书"同"字和"牌坊门"形态之间的相似性,且呈现方式也颇显巧妙;其"同门"的意象,来自"同"字(同济大学校名的首字)和"门"的形态的同构,以及观者的主动把握和个体视觉经验的混合;而来自成语"同门共业"的命名,直接锚定其背后的涵义,即在同一个老师的门下学习和研究。在大学校园这样的场景之中,师生们可走近小品,或倚或坐,形成人与字的互动,丰富"同门"之意象(见图1-8),也强化其背后意义的表达。

例:江南意象及表达

"江南"作为明确的地理区划概念是自唐代"江南道"肇始的,之后区划范围不断调整,江西、湖北、湖南、福建这些毗邻的且都被梅雨覆盖到的省份也常被纳入江南的范围,但是历代区划范围重合最多处还是长江三角洲地区。吴海庆在《"江南"在哪里?》一文中将太湖、钱塘江流域视为"江南腹心[1]",也就是将今天的上海、苏南、浙北、安徽东南部视为最典型的江南地区。同时,"江南"又是中国人心目中抹不去的记忆与情结,其多滋多味、色调纷呈,水乡泽国、烟雨氤氲、粉墙黛瓦、吴侬软语、优雅婉约、诗情画意……令人神往。江南切近而悠远,值得人们一次次地去发现、塑造和言说。江南的意象表达,不同于同学们之前熟悉的绘画和设计,其创作过程须自由地在主体的"意"和客体的"象"之间驰行,不死守、不锁定于某一处,从而彰显视觉的魅力和诗的境界。此外,还须规避图像描述性弱的不足和被文字统治之后的无趣感。意象作为一种非常重要的表达方式,广泛应用于艺术作品、视觉传达设计、广告设计,甚至是影视作品中。意象以形象之物、事件、场景来表达抽象的观念,是主客相融、理智与情感的复合物。意象是一种诗意的表达方式,直观、生动,常常看似离题万丈,而又入木三分。意象可以是主体"久用之思"使物象内化而形成的精神画面,也可以是外在物象在主体脑海中的精神映像。创造意象不仅是创意的主要内容,也是一种非常重要的视觉思维方式,更是最能体现以视觉传达为目标的相关专业的核心素养,值得格外关注。正是这个原因,笔者专门引入了"江南意象及表达"案例来具体阐述。

[1]吴海庆."江南"在哪里?[J].河南师范大学学报(哲学社会科学版),2010,37(4):155-157.

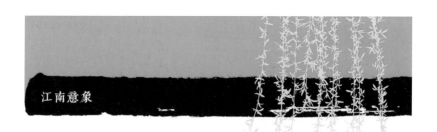

图 1-11 江南意象 / 鲁普及（课程示例）

蓝天、白墙、黑瓦、绿水，外加绿丝绦，构成了江南的色彩意象，不求客观、准确描绘，而是对于知觉对象的主动把握，是与记忆中的视觉经验混合而成的感性形象。

图 1-12 两岸人家接画檐 / 陆以然 / 教学指导作品

图 1-13 四弦同声 共奏绝响 / 白韵琳 / 教学指导作品

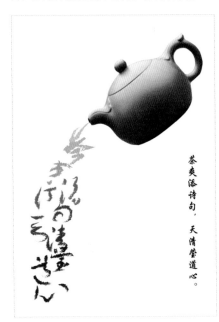

图 1-14 茶爽添诗句 / 张斯滢 / 教学指导作品

图 1-15 水乡 / 谭颖 / 教学指导作品

江南意象主题作品

客观描绘泛舟游江南古镇是无趣的。该作品突破了物象的固定性心灵禁锢，使小船畅游于毛笔扭、绞、转出来的丰富笔墨"表情"中，充满浪漫的想象力，描绘了一种人在画中游的意象。

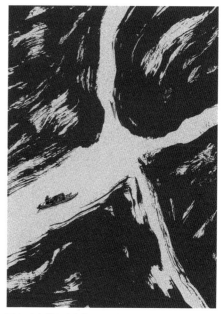

图 1-16 畅游江南古镇 / 张思仪 / 教学指导作品

斜雨纷飞的巷子，标点符号飘飘洒洒而下，如歌如泣、欲说还休……古往今来，文人墨客关于江南的语象都回响在这雨巷中，呼应着延伸至远方的铺街乱石。

图 1-17 雨巷 / 刘畅 / 教学指导作品

图 1-18 放生桥 / 施佳妮 / 教学指导作品

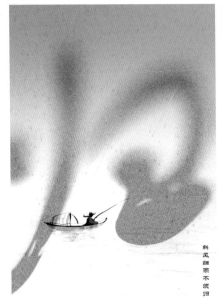

图 1-20 斜风细雨不须归 / 陆艾昕 / 教学指导作品

图 1-19 高楼纵起 莫忘传统 / 欧诗晨 / 教学指导作品

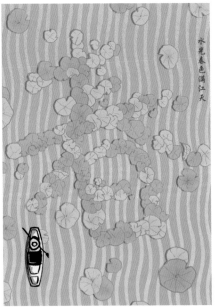

图 1-21 水光春色满江天 / 伍妱华 / 教学指导作品

江南意象主题作品

飞舞、跳跃的一片柠檬黄、橘红、玫瑰红、紫罗兰、粉绿之中，睁开了一只同样艳丽的眼睛。一幅山花烂漫、争奇斗艳的江南春意，是钱塘春景的展现，更是作者能动的表现，与表象记忆紧密相关，大胆突破了物象的局限，释放了心灵世界的丰富性，将"乱花渐欲迷人眼"的世界跃然于纸面。

图 1-22 乱花渐欲迷人眼 / 刘畅 / 教学指导作品

独特的俯视视角，两排屋檐缝隙处，两行红色的纤纤脚印依稀可见……是否想起戴望舒笔下结着愁怨，默默彳亍在寂寥雨巷的丁香姑娘呢？这回应着很多人对于江南的想象。

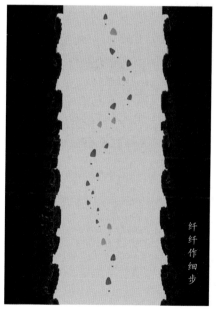

图 1-23 纤纤作细步 / 田佳琪 / 教学指导作品

1.3 创意的基本特征

创意既是名词，也是动词。谈及创意的特征自然包含作为名词的意念、构思的特征，同时也包括创意思维产生过程的特征。了解创意的基本特征，便于更加清晰地认识、理解创意及其产生的过程，以便更好地掌握创意的规律，并用以指导具体的创意实践。

超越性

创意的产生是拒绝一切理所当然、程式化和从众思维，时刻保持批判性、反思性，寻求不同形式、不同程度的超越的过程。这里的超越性主要体现在一个"新"字上面，且可以分成以下三种：①关系的超越性，在日常生活中发现似乎毫无关系的事物之间的关联，抑或是打破既有关联，呈现新的关联性。关系的超越，可摆脱时空的局限、知识的范围、思维的固化，在拓展思维的边界中创设新符号、产生新意义和无限可能。②价值的超越性，赋予稀松平常之物以新感性、新观念、新象征、新形象，使其实现价值增值，从而展现更广阔的意义世界，丰富人类的精神世界。③叙述的超越性，"创意在艺术或科学中的表现包括能够从没有出现过的角度来阐述信息"[1]，新角度、新框架叙述可呈现事物全新面貌，获得新刺激、新启发、新体验、新传播。创意的这些超越性集中体现了创意的价值和魅力。

灵活性

创意是个人化的、跳跃的、灵活多变的，甚至是看似散漫的，与所谓"训练有素"的专业性在某种程度上有所排斥。创意思维、创意设计、创意学习无不处处彰显着这样的灵活性。意大利著名物理学家卡洛·罗韦利在《七堂极简物理课》中有一句话"一个没有'浪费'过时间的人终将一事无成"[2]。结合他在书中讲到的爱因斯坦高中辍学，无所事事地阅读康德的著作和旁听帕维亚大学的课程，我们可以将"浪费"一词理解为无目的、跨领域的学习带来的思维灵活性。这与创意设计过程换个环境、调整思路，追求自由奔放、

[1] 托马斯 L·萨蒂. 创造性思维：改变思维做决策 [M]. 石勇, 李兴森, 译. 北京：机械工业出版社, 2018：46.

[2] 卡洛·罗韦利. 七堂极简物理课 [M]. 文铮, 陶慧慧, 译. 长沙：湖南科学技术出版社, 2016：3.

无拘无束的状态是不谋而合的。正是基于其灵活性，创意的产生可以是无限的、无止境的。严格意义上讲任何目标、任何问题都是可以有创意解决方案的，只是主体在此时此刻尚未找到最佳的方案罢了，不如换个心境、换个环境、彻底放空自己，抑或问问外行试试！宽广的知识结构、丰富的生活经历是创意主体的必要条件，而思维结构的灵活性、变通性才是充分条件。

突发性

创意的获得通常并非线性地由此及彼，也不是逻辑严密的分析、推理，往往是经由久用之思后的突变性的思维跃迁，带有很强的突发性，这就是人们常说的"灵感"时刻。创意人所翘首以盼的灵感出现的"刹那时刻"是客观存在的，但往往是千呼万唤不出来，而后来一个柳暗花明、豁然开朗，这不期而遇之时也生发了令人如痴如醉的创意快感——这是对于创意人最大的馈赠。然而须说明的是，所谓的灵感不是因而是果，不是既有的现成之物，而是辛勤汗水浇灌的结果，因此等待灵感乍现的想法是注定要落空的。创意是基于创意人的文化背景、认知水平、观察能力、创意思维、创意经验而产生的，虽在创意方法上有一定的规律可循，但创意的获得还是充满着诸多不确定性，很难说某一方法就一定能奏效，也很难说创意在某一时刻就一定能出现。

形象性

虽然创意通常是形象思维和抽象思维共同作用的结果，抽象思维的概念、判断、推理也是创意过程中必不可少的环节，甚至起到支配作用，但是其中最有开创性、突破性的部分毫无疑问是形象思维了。美国心理生物学家斯佩里博士著名的割裂脑实验已经证实大脑中与图画、艺术、想象、联想、创造相关的功能，都是由主管形象思维的右脑完成的，"如果我们对某件困惑已久的事情突然豁然开朗，这是右脑潜能发挥的作用[1]"。创意的关键在于形象思维，它运用表现、想象、直觉启示了新概念、新表达的到来。表象是人类感知过渡到思维的必要环节，属于事物的感性印象，而对于表象的加工创

[1] 连淑能. 电脑时代的用脑方法 [J]. 教育教学论坛 ,2014:136-138.

创意的理解
Understanding of
Creativity

3/

造即为想象，它凭借表象在意识之中去感觉、再造、创造全新的事物形象，创造新的世界。非逻辑的直觉，是一种本能的依靠经验和知识的加工、判断，快速、瞬间，却具有极强的坚定感。直觉须小心地求证才得以转化为好的创意，很多好的创意能够诞生也往往来源于直觉的自信、笃定和不妥协。

1.4 创意的广告传播价值

人类在从事物质生产、改造世界的同时也生产着自己的意义世界。人类需要"通过能动性地创造出'非概念工具准确意义'的新意义，以反抗与超越概念工具的规范性、约束性与支配性"[1]，从而在乏味、僵化中获得心灵世界的丰富性和精神的自由，这是人类需要创意的底层逻辑，也是创意产业得以蓬勃发展的重要原因。在重视经济效益的广告行业中，创意也具有举足轻重的作用，说创意是广告业生存的法宝也不为过，尽管目前暂时被"科技"蒙上了尘埃。创意可以帮助广告信息顺利突破时空屏障、弥合广告主体和客体的认知差异，具体而言主要作用表现为以下三点：

提高广告关注度

关注度是从受众的角度对于创意价值的表述，主要是凭借创意本身的新颖性、冲击力及其对于受众的吸引力来实现的。争夺关注度是广告主达成广告目标的前提，有关注才能改变受众的认知、判断和行动，有关注才有一切。提高关注度就是变相降低广告传播成本，是创意首要的目标任务和价值所在。

一个人在同一瞬间，只能聚焦一个点，关注一个内容，因此社会总关注量是一定的，也是有限的，这使得关注度成为传播领域的稀缺资源。在数字媒体时代，广大受众获取信息的渠道越来越多，其对于广告有着越来越多的主动选择权。电视里的广告片非常精彩，但是很多人压根没打开电视；广告一出现，就被划走或关闭；才播放几秒，进度条就迅速被拉到最后……搜索量、点击量、阅读量、完播率、点赞量这些都是试图衡量关注度的数据指标。

[1] 钟璞, 许青. 论创意的文化来源与哲学本质 [J]. 湖南社会科学, 2018(5):166-170

在广告传播中，"意外"主要就是着眼于克服人们喜新厌旧的习惯，通过新颖的概念阐述，富有冲击力的视听表现以获得更多的关注。创意中的长图、讲故事、互动等是吸引受众长时间"沉浸"于广告的一些手段，其本质还是获取持续关注的方式。如果缺乏创意，处在深山无人问的不仅有广告主的品牌、产品或服务，还可能有广告本身！

丰富广告表达力

表达力是从传播媒介（通常是指广告作品）角度对于创意价值的考量，主要是指传播媒介的质量，如编码准确、解码容易，表达生动、形象，有趣、体验感强且易于记忆等性质。

广告中的信息传播不应该是简单地陈述一个事实，建立起对于某事物的认知，更重要的是激发起情绪、情感的反应，建立与受众的关联以增加表达的附加值，其不仅能改变认知，而且能建立良好形象，触发态度和行动的改变。意象表达恰恰就能以视听语言编码，在表达力上远超冰冷的、抽象的文字阐述，形象生动且含蓄隽永，言有尽而意无穷。从纯粹的表现形式上讲，广告的表达力还包括文本结构的形式感，即将各种形式要素，如点、线、面、色彩、肌理等依照节奏与韵律、对比与协调、对称与均衡、黄金分割等形式美法则组成文本形式，以带给人美感、感悟和想象等。形式感也透露着某种文化主张、品位和价值判断，相对于广告符号而言属于非编码的形式语言，释放着软性的吸引力，丰富了信息表达的层次，容易唤醒情绪，形成情感的偏好，从而增加广告传播的表达力。

打造广告引爆点

引爆点是从社会流行的角度对创意价值的分析，主要是指广告的话题性以及其与社会大环境之间互动的广度、深度和频度。若创意能引发更多的共情、共鸣，便能引发广泛关注、讨论、转发等链式反应，这种引爆点最终能倍增广告效果。优质的信息，若缺乏引爆点也将淹没在海量、纷繁芜杂的信息堆积、迭代之中，而不能发挥其应有的传播力。

引爆点是马尔科姆·格拉德威尔在《引爆点：如何制造流行》一书中提出的概念，专指人们的思想、行为、观点及产品有时会像传染病一样迅速传播蔓延，即形成所谓的社会流行潮，而流行潮爆发的那一刻即被称为引爆点[1]，并总结了引爆流行的三项法则，即个别人物法则、附着力法则、环境威力法则。在数字媒体时代，越来越多的机构和个人通过发布各种不同的信息而获得赋权，聚集了相当的注意力，夸张的说法是"人人都是自媒体"，这导致了去

[1] 马尔科姆·格拉德威尔. 引爆点：如何制造流行 [M]. 钱清、覃爱冬, 译. 北京: 中信出版社, 2009: 57-60.

图1-24 十三五之歌 / 复兴路上工作室 / 2015

中心甚至无中心的媒体格局逐步形成。因此，选择某一个媒体一劳永逸地达成广告效果的粗放式发展已经越来越难了，传统广告运作模式的效果也越来越不尽如人意。以点及面，横跨各类媒体、社群，如传染病暴发一般迅速蔓延的"引爆点"式传播成为广告人正在追逐的目标。创造意义，尤其是创造"表价值"的意义，是以全人类视角基于宏观的价值判断，其内容具有较强的普适性和话题性，易于在传者和受者之间获得情感共鸣、价值认同。而注重意义和传播过程互动的场景化、仪式化等则有着触发受众参与、体验、互动、分享的应有之义，完全符合引爆点的"附着力法则""环境威力法则"，使得广告内容具有了更多引爆的可能。

2015 年，新华社发布的英文说唱神曲《十三五之歌》不仅在国内走红网络，一天时间内点击率超过 3000 万，一度成为"热播的网络歌曲"，而且获得国外众多媒体的报道和青年群体的关注，收获了相当不错的传播效果。该曲为党的十八届五中全会的暖场歌曲，"十三五"出现了 28 次，以数字、手势等形式反复呈现；整个短片画面采用的是拼贴艺术动画的表现形式，波普复古风，是当下欧美比较流行的动画形式，这让"十三五"如此严肃的题材，摆脱了一板一眼的说教形式，看起来时尚、潮流、生动、欢快、幽默，也刷新了网民们对时政报道和"主旋律"的认知。创作团队成员也说："这些内容最终能火，我想主要是因为大家都易于接受喜闻乐见的形式。而我们要做的，就是对这一方面做一些小小的努力和尝试改变[1]。"这就是创意广告传播价值的生动体现。

[1] 参见新华网报道 http://www.xinhuanet.com/politics/2015-11/05/c_128394098.htm。

公益广告中的创意
Creativity of
Public Service Advertising

公益广告概述

公益广告的特点

公益广告的创意难点

京剧

薪火相

传

图 2-1 京剧——薪火相传 / 鲁普及 / 2022 年作

PEKING OPERA

THE KINDLING OF CHINESE CULTURE

2.1 公益广告概述

1）公益广告的定义

现代公益广告肇始于第一、二次世界大战时期的美国，后来在欧洲和日韩等地也获得了长足的发展。虽然中国的第一支公益广告要追溯到 1986 年贵阳电视台的《节约用水》广告，但是因为公益广告的概念是个舶来品，世界各国对此定位也不尽相同，这就导致了 1996 年之前在中国有着社会广告、社会公益广告、公共广告、公共服务广告等多种较为混乱的称呼，时至今日，在学界依然存在着欲以"公共广告"代替"公益广告"的呼声。如初广志教授曾指出，"公共广告，是为了维护公共利益，针对普遍存在的社会问题，通过广告的形式引发大众的关注，强化或改变他们的观念，呼吁他们采取行动，以促进这些问题的缓解或解决的非营利性宣传手段"[1]，并主张将公共广告与政治广告、政府广告、伦理道德广告等相区别。然而公益广告在我国社会各界已经深入人心，改名字绝非易事，也绝无必要。而且从源头上来讲，公益广告是战争动员的产物。第二次世界大战期间，美国负责公益广告的部门"战时广告委员会"是受美国战时新闻办公室的直接领导的，"它立足于国家意识形态的宏大叙事，弘扬爱国主义，倡导民众以实际行动为国分忧解难[2]"。公益广告诞生之初就带有显著的爱国主义的底色，政府理应成为推动公益广告发展的重要力量。从中国国情上讲，我国各级政府部门在公益广告发展的过程中一直起到了主导作用，以"公共广告"来替代公益广告并不符合我国国情，也不具有现实的可操作性。比如作为我国政府执政理念之一的"绿水青山就是金山银山"，就与人民群众对于环境保护问题的关切是一致的。

"公益广告是所有组织或者个人发布的，以非营利的目的，以宣传维护公共道德、时政理念、公共利益为内容的广告作品和广告运营模式"[3]，该定义强调了公益广告的公共性，并将其分成公共道德和公共利益两部分，同时充分考虑了我国国情，将时政理念纳入公益广告的范畴。公共利益不等于"公共的利益"[4]，虽然我国属于家国同构的社会形态，国家利益很大程度

[1] 初广志.公共视角的公益广告概念：溯源、反思与重构[J].山西大学学报（哲学社会科学版）,2020,43(3):48-55.

[2] 李雪枫，王时羽.公益广告的本质思考[J].山西大学学报（哲学社会科学版）,2020,43(3):56-63.

[3] 刘林清，和群波.公益广告学概论[M].北京.中国传媒大学出版社，2014:4.

[4] 高志宏.公共利益：基于概念厘定的立法导向与制度优化[J].江西社会科学，2021,41(10):183-193.

上就代表着公共利益，但是公共利益在利益主体、利益范围、利益性质等方面依然区别于国家利益、民族利益、集体利益等，因此我国于2016年3月1日开始实施的《公益广告促进和管理暂行办法》将公益广告的定义完善为"传播社会主义核心价值观，倡导良好道德风尚，促进公民文明素质和社会文明程度提高，维护国家和社会公共利益的非营利性广告"。这一官方的定义中写到了社会主义核心价值观，并将国家利益明确纳入了公益广告的范畴。2023年12月上海市人民政府办公厅印发的《上海市公益广告促进和管理办法》，在2016年版本的定义之前加上了总起句，将其进一步完善为"为公共利益服务，传播社会主义核心价值观，倡导良好道德风尚，促进公民文明素质和社会文明程度提升，维护国家和社会公共利益的非营利性广告"，旗帜鲜明地强调了"公共利益"这一核心概念，内涵减少却扩大了外延，放在句首更利于社会各界的认同。

2）核心概念——公共利益

公共利益是个相对抽象的法学概念，普遍、宽泛且具有一定的相对性。"公共利益具有开放性，不封闭也不专门为某些个人保留，只要大多数不确定数目的利益人存在，即属公共利益"[1]。中华人民共和国成立后的70多年，"已出台的法律中共有256部出现了'公共利益'一词"[2]，从《中华人民共和国宪法》到《中华人民共和国刑法》《中华人民共和国民法典》《中华人民共和国商业银行法》《中华人民共和国行政诉讼法》……区别于私法（如民法）、公法（如宪法），专门致力于"公共利益"维护的社会法（包括《中华人民共和国公益事业捐赠法》《中华人民共和国妇女权益保障法》《中华人民共和国红十字会法》……）在我国尚处于发展不充分、不成熟的阶段，导致一定程度上出现个人利益抑制、公共利益得不到伸张的情况。随着市场经济的不断发展和利益形态的多样化，公共利益逐渐从个人利益、国家利益中独立出来，以满足人民日益增长的公共产品和公共服务的需求。

在公共利益的具体内容方面，中国法学会学术委员会副主任朱孝清认为"公共利益包括国家利益和社会公共利益[3]"，而中国政法大学张钦昱教授

[1] 张东晔，等. 行政法公共利益研究[M]. 长春：吉林人民出版社，2017: 27.

[2] 高志宏. 公共利益：基于概念厘定的立法导向与制度优化[J]. 江西社会科学，2021, 41 (10): 183-193.

[3] 朱孝清. 公诉裁量中的公共利益考量[J]. 国家检察官学院学报，2023, 31(3): 89-105.

[1]张钦昱.《民法典》中的公共利益：兼论与公序良俗的界分[J].暨南学报（哲学社会科学版），2021，43（7）：34-46.

认为社会公共利益分为基本道德利益和公共政策利益，公共政策利益又分为公共安全、社会组织安全、保护社会资源、可持续发展四个类别[1]。基本道德利益是大多数社会成员均认可的一般道德，可等同于前文定义中的公共道德，如尊老爱幼、助人为乐等；公共安全则包括人身安全保障、产权保护、信用维护等；社会组织安全包括维护家庭组织、经济组织、政治组织和宗教组织等的稳定；保护社会资源包括自然资源保护、弱势群体保护等；可持续发展包括推动社会和个人进步、发展教育与科技、开发人类潜能等。很多直接利益主体缺位、受益广泛的公共利益，在我国要么由代表公共利益的政府部门来参与维护，要么法律启动追责困难，真正获得切实维护的往往局限在少数领域。公益广告并非直接的宣传教育，而是通过艺术性的加工方式，强化吸引力，进行软性劝服，往往能起到比法律条文更好的效果。诉诸公共利益维护的公益广告，在协调人与自然、人与社会之间的关系，以实现人类长远的利益和人类可持续发展方面大有可为。

3）公益广告的内容

根据前文对于公共利益的详细分析，可见作为公益广告核心诉求的公共利益，其内涵已经极为丰富了，公益广告的内容自然也囊括了众多的内容，从个人层面到国家层面，从自然层面到社会层面，应有尽有。公益广告的内容是随着不同的社会经济发展需要而有所侧重的，目前国内公益广告的主要内容分为以下几个类别：

时政理念

以时事和政治为主题的公益广告，致力于宣扬党和国家的大政方针，展现国家意志与人民群众呼声，为社会主义现代化建设服务。须格外注意的是政治宣传、政务信息、服务信息一般不被视为公益广告，只有那些人民群众关心的，与人民群众利益息息相关的内容，如社会主义核心价值观、希望工程、中国梦、乡村振兴、反腐倡廉、礼赞新中国等才能被称为时政理念类公益广告（见图2-2）。公益广告可通过发挥软性说服的力量开展社会宣传、

图 2-2 时政理念——礼赞新中国 / 金竹林

图 2-3 公共政策——公筷公勺 文明就餐 / 张俊辉

图 2-4 公共道德——帮助别人就是帮助自己 / 王倩

图 2-5 形象建构——摩登之都 / 熊耀辉

公共教育，实现社会动员。

公共政策

公共政策是公共利益里最复杂、最包罗万象的板块，与每一个人的日常生活息息相关，主要包括两方面的内容：①协调人与自然的关系，即致力于保护自然环境，保护生物多样性，维系人类繁衍生息的家园，如保护野生动物、保持生态平衡、节能减排、珍惜水资源等；②保护人类生活环境中的公共利益，涉及衣、食、住、行的方方面面，如文明餐饮、文明交通、文明旅游、文明养宠、垃圾分类、人道主义救援、志愿服务、义务教育、知识产权保护、消费者权益保护、保障妇女儿童权益等（见图 2-3），致力于引导社会的良性运转，促进可持续性发展。

公共道德

这一类别的公益广告以善恶、是非、荣辱为标准协调公共场合人与人、人与社会之间的关系，促进道德风尚培育和精神文明建设。其中又可以分为中华传统美德的价值取向和社会评价两个方面。前者如尊老爱幼、尊师重教、勤俭节约、艰苦奋斗、诚实守信等；后者包括社会公德、职业道德，如文明礼貌、助人为乐、爱护公物、遵纪守法、爱岗敬业、忠于职守、廉洁奉公等（见图 2-4）。公益广告通过情感共鸣、意义共享的方式倡导公序良俗，完成监督警示功能，倡导利他文化。

形象建构

国家和城市形象集中展示了国家和城市的实力、活力与发展前景。其着眼于整个国家和城市"共同体"的长远发展，能够让整个国家和城市范围内的人们共同受益，带有极强的公益属性，成为近年来公益广告的重要内容。国家和城市形象严格意义上是一种公共印象，是客观与主观合二为一的产物，通过生动、形象的视听语言创造意象是建构形象、展示魅力的利器（见图 2-5）。国家和城市形象包含了文化内涵、精神品格、历史底蕴、经济实力、地理风貌、建筑景观、礼仪礼节、人口素质等内容。

2.2 公益广告的特点

公益广告的内在规定性决定了其具有一般广告不具备的特点，厘清这些特点不仅有助于更深入地理解公益广告，而且能为公益广告的创意和传播打下坚实的基础。

1）受众的广泛性

商业广告活动通常在某一市场的细分领域展开，有较为明确的"目标受众"，这是一切广告活动、广告创意开展的根本出发点。相对而言，公益广告的受众是最广泛的社会公众，远超于特定人群构成的集体、共同体，这是由公共利益中"不确定数目"的受益人所决定的。公益广告的受众复杂且多元，他们拥有着不同的受教育程度、不同的性别、不同的职业、不同的地域和大跨度的收入水平、年龄段，这无疑对公益广告的创作提出了更高的要求，既要做到通俗易懂，最大限度地保证观众能够看懂，又要防止内容成为平淡无奇的陈述和说教，导致寡然无味、缺乏传播力。当然，适当地在媒体平台选择、时间段选择、表现形式选择上花些工夫是有利于做个初步的受众区隔的，但即便是这样也不能完全主观地忽视掉某些群体的认知水平的差异性。

2）议题的公共性

公共性，即共享性，是相当于自利性而言的[1]。公共性议题超越了排他性、私人性的经验，而是在公众场域中为所有人敞开，属于公众共同关心和企及的范围。公益广告的议题关乎公众切身利益，从某种意义上讲，公益广告也是"民意"的一种表达方式，应反映民众当下的需要、观照普通人的生活。值得指出的是，公益广告的"公共性"也不是绝对的、一成不变的，而是着眼于整个国家、整个社会、整个城市或是某个街区、村镇，其公共性的主题往往是不尽相同的。在各地都大提城市精细化管理的背景下，公益广告的议程设置如何反映民意，如何聚焦民众普遍关心的问题，而不是简单地按照自上而下的宣传口径来行事或是直接发布一些新闻通稿式的公益广告作品，这一切成为切实发挥公益广告效果的重要考量。

[1] 郭湛. 公共性哲学：人的共同体的发展 [M]. 北京：中国社会科学出版社，2019:6.

3）目标的利他性

公益广告的发起者和受益者并非指向同一个群体，其受益群体也远远大于发起者，具有显著的"公益性"和"利性性"。公益广告受益对象指向不确定的多数，而不同于慈善事业可以指向明确的某个人或者某个群体、地域；更显著地不同于商业广告"利己"的基本特征，而是谋求社会、经济多重效应，发起者就是受益者。公益广告追求的是社会效应，广告投入很难实现直接的经济回报，这成为众多品牌、企业参与公益广告积极性不高的重要原因之一。当然如果能够做到"利他"与"利己"的双赢局面，也不失为促进公益广告健康发展的有力举措。这也是我国公益广告促进和管理制度改革、完善，实现公益广告可持续发展的重要课题。

4）方式的倡导性

公益广告不是硬性的法律、规章、条例，在沟通方式上，应着意于唤醒人们心中的善，激活人们崇德向善的动力，以建构良好的社会环境，提高全社会的文明程度。公益广告中很多抽象的观念表达，如理念、政策、道德等，其表达方式既不适宜简单地直述抽象的条文，并在不断增加曝光时间中进入"睡眠效应"，又不适宜站在道德的制高点以命令的口吻进行训斥、劝诫，拒人于千里之外。公益广告的传播方式应该巧用感性诉求，关注受众的情感需求，同时强调艺术性的加工，提升广告文本的视觉亲和力、吸引力，只有在情感共鸣中获得价值认同，才能进一步实现观念和意义的共享。在倡导性的沟通方式方面，我国还有着巨大的发展空间。

5）效果的隐蔽性

经济效益，尤其是短期的经济效益是可以通过销售数据来反映的，这使得商业广告的效果测量成为可能。行业内"效果广告"远比注重长远利益的"品牌广告"更受大多数企业的欢迎，即便"品效合一"一直作为广告传播的终极追求。公益广告是非营利性的，社会效应是其唯一的诉求点，其关乎人类发展的长远利益，是典型的功在当代，利在千秋。然而人们对于利他性的认知、接受和态度转变，一般是一个长期的潜移默化的过程，须经过长期

图 2-6 江南文化助力长三角一体化发展 / 鲁普及 / 2021

的社会协商、涵育得以实现，这注定了公益广告的投放效果是缓慢的、不显著的，具有很强的隐蔽性。此外，人们对于公益广告中很多观念性的内容，比如社会公德的形成，会受到多方面因素的影响，公益广告的倡导虽然在其中能够起到一定的积极作用，但也仅是其中一个变量而已。究竟公益广告在其中发挥了多大的效果，也是难以测量和明示的。

2.3 公益广告的创意难点

因注重追求社会效益、长远利益，多数企业 / 品牌对于参与公益广告的热情都不高，我国公益广告发展目前还主要依赖政府相关部门。普通的商业广告，一般围绕较为具体的目标、针对特定的受众来展开，评价向度较为单一，经费上也相对宽裕，这为好的创意诞生提供了诸多的确定性。而公益广告的自身特性导致了其创意难度的提升，首先是我国公益广告目前处于宣传部、市场监督管理局、绿化和市容管理局等多部门管理的状况，虽然都是为了加强公益广告的规范化管理，但是客观上也对公益广告提出不同的要求，增加了其创意的难度，其次是广告投入上的不稳定性、缺乏持续保障机制、媒体投放受到诸多方面的限制，进一步抑制了创意人参与的热情。

1）内容上概念突破难

公益广告的概念突破是不容易的，要么直白陈述，缺乏形象化的视听语言和艺术化加工，而沦为简单粗暴的"宣传"；要么流于老生常谈式的"说教"，难拉近普通民众之间的心理距离，难以入脑走心；要么求大、求全，忽视了接受者的情感反应，弱化了广告特性，难以形成清晰的公共印象。

具体而言，公益广告创意难体现在以下三个方面：首先，公益广告创造"意象"较难。理念、道德、公共等公益广告诉诸的概念都极为抽象和博大，形象化表达不易且发挥空间有限。例如社会主义核心价值观就难以寻觅合适的与之对应的象符，任由创作者的想象力天马行空地驰骋，既难以符合其传

公益广告《一个人的球队》成功地将一名热爱篮球的16岁少年叶沙（化名，2017年4月27意外去世）的5个器官受益人组建成"一个人的球队"，在中国女篮全明星赛场圆了叶沙的篮球梦……

该广告没有直白地号召人们来捐献器官，而是组建球队，在H5上邀请网友签名支持《致篮球界的一封求助信》，并最终以篮球联谊赛这一充满仪式感的方式将"生命的延续"、"人间大爱的传递"和"人性的光辉"真切、形象地展现出来，出人意料之外又格外令人动容！该广告成功获得2.2亿曝光量，唤起了社会对于器官捐献的广泛关注，影响了15万余人完成了人体器官捐献志愿登记……

图 2-7 一个人的球队 / Loong、腾讯广告（图片来自 http://chinaciaf.org/works-detail-595.html）

播基调，也容易造成因不当的发挥而产生歧义，而平铺直叙的表达，又易于成为一种主题的"图解"，不能发挥广告的软性吸引力，而导致其淹没在信息的海洋中，或者沦为人们日常生活的背景。其次，公益广告创造"意外"难。要么是因为公益广告中的很多内容来自人们的利益关切，是日常话题的一部分，对这些内容追求概念上的突破，获得情理之中、意料之外的体验自然是颇有难度的；要么就是这些公共利益诉求相对恒定，此前已经有过无数的创意方案了，寻找新的突破口很难，比如保护环境类、控烟的公益广告，古今中外各类优秀作品实在太多，要做出新意实属不易。最后，公益广告难在"贴近"民众的表达，从诉诸态度改变到诉诸行动。公共利益是社会的整体和长远的利益，如果不能在公共利益和个人之间建立紧密关联，就容易给人事不关己之感。例如弘扬中华传统文化，共识是有的，态度是积极的，但因过于宏大总让普通人认为这是国家、政府和部分社会精英的事情。广告表达如不能将诉求点与民众建立起联系，说到人们心坎上，就难以发挥公益广告的实质性作用。因此，怎么创建公益广告与公众日常生活的关联度、创新涵化路径就显得非常重要了，这也是在公益广告中创造"意义"的集中体现。

2）形式上表现创新难

公益广告不是人际和组织传播，要能够为人们所感知到和实现劝服效果，必须通过恰当的形式介质、文本媒介来实现。对于一些发挥空间不大的公益概念表达，形式成为最能体现想象力的部分，直接决定了广告成败，从这个角度而言，很多创意人甚至直呼"形式也是内容"。好的创意表现能够以形象化的视听语言，击穿心物阻隔，起到化腐朽为神奇的功效，增加广告作品的艺术感染力、丰富表达效果，建立丰沛的知觉形象。公益广告表现创新难主要体现在以下几个方面：首先，在存量中创新不容易。公益广告中很多的主题聚焦于全国甚至全世界人民共同面临的问题，具有较强的普遍性。很多类主题的公益广告已经有国内外创意人创作过众多版本，甚至在国际各类赛事中斩获大奖，尤其是环境保护、交通安全等主题。互联网又将这些国内外海量的优秀作品进行了广泛的传播，因此要在众多的解决方案中做到独树一帜实属不易，很容易就会出现"撞车"的现象。其次，创意的表现形式众口难调。公益广告的受众范围较为宽泛，很难根据目标受众的年龄层次、知识结构、喜好和生活习惯等选定相应艺术符号和表现风格，这无疑对于创意主体提出了更高的要求。公益广告表现形式的选择须基于对社会审美趋势有所洞察，仅凭创意主体个人或者委托方喜好确定都是不恰当的，甚至容易出现踩雷的可能，毕竟批评一件作品表现不佳或是审美有问题是件毫无压力的事情。最后，公益广告在形式表现方面很大程度上是受到经费制约的。商业广告中的大场景、明星代言、视觉特效等能够带来的视觉冲击力、高沉浸感的画面效果都是价格不菲的，因为市场回报可观，很多的品牌往往都为之一掷千金。这对于注重长期收益、注重社会效益的公益广告的发起者来说是难以支持、难以可持续的，小成本一般成为公益广告创意设计的常态。

生成式人工智能（AIGC）的出现为公益广告的创意表现提供了更多的可能性，在可预见的未来，公益广告在设计表现上的整体水平会有较大幅度的提升。这种提升主要来自基于风格迁移的意象创造、旧元素新组合的实现、基于符号表达的部分意义创造，而创意思维层面的新关系创设、心理层面的意外的创造、表价值的意义创造这三类高情感、高语境、高文化属性的部分还是需要创意人的辛勤工作才能得以实现。即便如此，AIGC也能为公益广告的设计表现提供极大的便利，公益广告生产效率将大大提高，创意人的时间和精力将更加聚焦到物、人、社会的关系创设上。在创意的表现形式上，更多的是需要创意人熟练运用新工具和优选最佳的表现效果，因此审美和鉴赏能力将变得越来越重要。

附：基于新媒体传播的公益招贴设计 [1]

2019年末新冠疫情暴发，全国开展了上下一心的抗疫活动。相应地，各地的广告、设计行业甚至包括一些政府机构纷纷发起了抗击疫情的公益招贴设计的征集活动，吸引了成千上万的设计师参与，他们通过自己的作品宣

[1] 鲁普及. 基于新媒体传播的公益招贴设计 [J]. 包装工程,2020,41(22):301-305.

[1] 赵倩.公益招贴的特征探析[J].现代装饰（理论）,2017(2):198.

[2] 庞少杰,隋鹏勇.新媒体时代下的招贴广告设计[J].商,2016(18):209.

[3] 翟一川,黄维.品牌初创期中新媒体传播策略研究[J].包装工程,2019,40(22):68-70+74.

传国家政策和抗疫知识，褒扬抗疫过程中的正能量，表达设计师们自己的看法……相关作品在互联网上进行了广泛的传播，并在社会上也引起了极大的反响。在此次公益招贴的集中传播中，新媒体传播成为其显著的特征。

1）公益招贴

公益招贴是一种凝聚着时代文化精神、艺术审美，并承载着公共道德、文化观念、社会理想的视觉宣传形式 [1]。招贴二字有"张贴而招引注意"的意思，意指展示于公共场所的告示，是一种较为古老的广告形式之一，在欧洲很多国家，招贴一度有着 "街头博物馆""艺术画廊"的美誉。因此，除了公益性以外，我们更应该注意到公益招贴具有独特的传播样式，即凭借现代印刷或打印技术进行大批量复制，然后通过在公共空间张贴来传递信息。新媒体时代的到来实现了从传统的以纸质媒体为主流的传播形式到以电子终端为主流传播形式的全面跨越 [2]，于是传统的基于印刷与空间展示形式出现的招贴设计日渐式微，与此同时，公益招贴在各类数字终端上获得了更多的应用和发展空间，释放出了前所未有的活力。

2）新媒体传播给公益招贴带来的变化

新媒体是一个相对的概念，是以数字技术和网络技术为中介，在传播者、接收者及接受者之间进行信息交流 [3]。从加拿大学者麦克卢汉的"媒介即讯息"的观点来看，数字技术和网络技术对于公益招贴设计来说，是其发展、变革的基本动力。了解这些新发展、新变革是做好新媒体环境下招贴设计的基本前提。具体说来，新媒体促使公益招贴的传播模式、传媒媒介、文本媒介三方面都发生了显著的变化。

传播模式

传统的公益招贴的传播是将招贴设计作品张贴于特定的物理空间中，以静态展示的形式，以视觉符号向受众进行单向的"广而告之"式的公益内容传播，也叫直线模式的传播。而新媒体则是相反，属于互动模式的传播。当

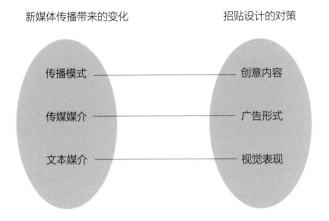

新媒体传播带来的变化　　　　　招贴设计的对策

传播模式 ——————— 创意内容

传媒媒介 ——————— 广告形式

文本媒介 ——————— 视觉表现

图 2-8 公益招贴设计的对策图 / 鲁普及绘

今的数字技术使得受众的意见反馈变得异常便捷，通过设计与受众进行互动也成为可能。更为重要的是，在新媒体时代只要你真的能打动受众，他们愿意成为帮助你传播的渠道[1]，好的公益招贴作品往往可在微博、微信等平台上被不断地分享，得到二次传播甚至是多次传播，这种传播模式大大加强了公益招贴的传播力。

[1] 吴瑾. 互联网时代广告与内容的边界 [J]. 中国广告 ,2018(5):70-72.

传媒媒介

招贴本身就是一种历史悠久、应用广泛的信息传播媒介。只要公益招贴设计作品成功出街，在公共空间中展示出来便可成为一种名副其实的媒介。这种媒介决定了其受众一定是局限在比较小的范围之内的，如一个街道、一个市场，或是一个城市节点等，并有着很强的时效性。新媒体环境下的公益招贴则是利用互联网来传播的，其传播具有开放性、即时性等特征，覆盖面广、传播效率高，突破了时间和空间的限制，可以快速响应一些突发公众事件、社会话题，以表达公益诉求。同时，互联网在广告容量上要远远大于传统作品张贴的渠道。不容忽视的是，在新媒体传播环境中，信息呈现爆炸式增长并迅速迭代，受众的时间日益碎片化，注意力则粉尘化。在信息纷繁芜杂的新媒体传播环境中，如何获取受众的关注成为设计的新课题。

文本媒介

批量复制的印刷品是传统的公益招贴的信息载体，是设计作品的文本媒介。对于很多设计师而言，富有视觉冲击力的大尺幅画面、酷炫的印刷工艺、耐人寻味的纸张肌理和油墨韵味等都是公益招贴设计的魅力所在，值得津津乐道。然而在新媒体传播中，设计作品的文本媒介始终以数字形式存在，作品与受众的接触点变成了电脑、手机、iPad 等各类终端显示屏。显示屏的成像品质决定了公益招贴的视觉呈现效果，相比于传统的公益招贴来说，画面尺幅相对来说变小了，设计中可调用的形式要素、形式手段也相对减少了，怎么利用数字呈现获得丰富、饱满的视觉效果，进行恰当的诉求表达，成为一项新的设计考量。此外，传统招贴的物质载体的生命是有限的，随着时间的推移，会出现发黄、变旧、褪色而影响画面效果的现象，这是数字形式的作品所不会遇到的。

3）基于新媒体传播的公益招贴设计

基于新媒体传播的公益招贴设计，绝不仅仅是把传统的招贴作品简单移植到网络上，换一个数字化、移动化的平台来展示，而是从新媒体给公益招贴传播过程带来的变化入手（见图 2-8），跳出原有的创意内容，有针对性地选取适合新媒体传播的广告形式，利用好新媒体在视觉表现上的特色，才能设计出符合新媒体传播环境的公益招贴作品。

创意内容

创意是招贴最核心的灵魂 [1]，招贴设计中如果没有丝毫有针对性的创意变化，那肯定就不是基于新媒体传播的公益招贴设计了。传统的公益招贴设计中的创意主要指向以什么视觉符号来表达，从什么角度来表达，怎样用点线面、色彩、图形等视觉语言来表现招贴设计的主旨等，也就是说解决了"说什么"和"怎么说"两方面的问题，而新媒体环境下的公益招贴设计，需要根据传播模式的变化来突破现有的创意框架，并关注互动传播如何实现的问题。

[1] 梁荣 . 创意决定一切：浅谈招贴设计中的创意思维 [J]. 艺术科技 ,2017,30(2):260.

胡塞尔的意向性学说告诉我们，事物的意义在于它以何种方式给予我们，或者说以何种方式与我们发生关联[1]，在新媒体传播中招贴设计要实现其意义——以符号形式传递精神内容，也需要关注它以什么样的方式与受众发生关联。在公益招贴设计中只关注"说什么"和"怎么说"是不够的，还需要将创意投向更广的领域，如在什么时间说、在什么情境下说，并强调受众在信息接受过程中的主动认知[2]等，即关注招贴设计作品以什么样的方式给予受众，并通过受众个人体验的渗透和对接来增强传播黏性。时下的新媒体技术为这些关联准备好了物质基础，而要解决这些问题只需在创意阶段将受众的生活场景与招贴设计作品建立起联系即可。公益招贴设计《抗击疫情，从我做起》中（见图2-9），核心图形为一个新冠病毒状的二维码，受众用手机扫描二维码，立刻就能链接到关于抗击疫情的图文并茂的新闻上。此时的创意，重点解决的是怎么吸引受众的主动关注，并给人强烈的、新鲜的、交互式的体验。考虑到新媒体传播环境下的公益招贴设计作品，其创意内容不再仅仅聚焦于招贴设计文本上，而更多地关注到受众体验和对于新媒体的创新性利用，这就体现了一种创意内容指向多元化的趋势。

[1] 孙周兴. 尼采与未来哲学的规定 [J]. 同济大学学报（社会科学版）,2019,30(5):22-31.

[2] 张玉凤. 新媒体融合视阈下视觉传达设计的特征与趋势 [J]. 包装工程,2020,41(14):252-256.

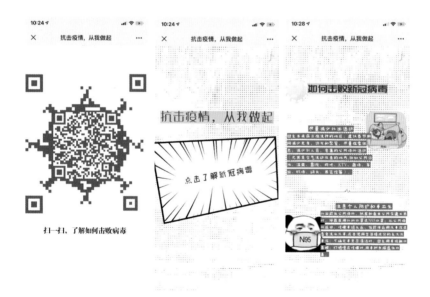

图2-9 抗击疫情，从我做起（h5设计） / 陈露

广告形式

　　传统的招贴设计作品张贴于公共空间中的建筑、车身、招贴柱、候车亭、电梯厢等的立面上。受众通过现场的观看来实现信息的传递，这种信息的传播是通过依附和占有一定的三维空间来实现的。而基于新媒体传播的公益招贴越来越多地从线下走向线上，转移到了互联网上，如微信、微博等，甚至于设计师在设计之初压根就没有考虑过线下展览、展示的问题，所以其传播过程也不会再有现场的亲身感受了，而是通过占有各类终端屏幕上的某一段时间来完成信息沟通。也就是说，基于新媒体传播的公益招贴设计，其广告诉求的表达是从"空间占有"向着"时间占有"的方式转变。

　　公益招贴设计中要实现更多的"时间占有"，是可以通过采用在新媒体传播环境中能够延长受众在招贴设计上停留更长时间的广告形式来实现的。目前，在"时间占有"上有着明显优势的广告形式主要有长图招贴、系列化招贴、动态招贴，随着数字技术的不断发展，尤其是 VR、AR、MR 技术与招贴设计的融合，公益招贴设计在形式上将会呈现出日益多样化的趋势。不管公益招贴是以什么形式出现，主要思路无非两个：①提供更丰富的内容，让受众花更多的时间观看，比如长图招贴是通过不断下拉的方式来展示丰富的内容的，类似于具有故事情节的连环画或长卷，而系列化招贴则是通过多幅作品阵列的方式从多个视角、多个侧面来表现公益内容的；②采用动态的招贴设计形式，即在时间轴上依次安排若干个视觉画面，在一段时间内展开广告信息传达。《不实报道——另一种"新冠病毒"》是一件 GIF 格式的动态公益招贴设计（见图 2-10），不实的新闻报道层层叠叠，捅破后的洞呈新冠病毒状，最后广告标语旗帜鲜明地提出了反对的主张。整件招贴作品信息内容丰富，充满趣味性，又可反复播放，受众的视线在招贴上停留的时

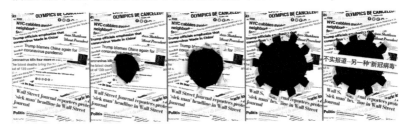

图 2-10 不实报道——另一种"新冠病毒" / 龚悦宁

间比在静态形式上要长很多，广告信息的传播无形之中被强化了。

视觉表现

新媒体时代的招贴设计，在传播过程中借助的文本媒介发生了根本性的变化，充分认识并利用数字显示的特色、优势来设计是提高招贴广告效果的重要方式。一般而言，数字显示在视觉表现上的优势主要体现在分辨率和色彩两个方面。

数字显示在分辨率上优于传统的招贴设计。传统的印刷或者打印技术，对于招贴设计作品质量的减损则是很大的。以应用最广的胶印为例，印品的分辨率最低为133lpi，否则人眼将能分辨出网点结构[1]，从而印品呈现出很粗的颗粒感，大大损耗图像的品质。要达到印刷上的133lpi，则要求输出的分辨率至少为200dpi，而这也仅仅只能保证没有印刷网点，与设计师在电脑上看到的细腻程度是有很大差距的。即使是设计作品输出时达到了300dpi以上，也不可避免因为印刷工艺和油墨、纸张等，使得图像信息产生或多或少的损失。而在新媒体传播中，公益招贴设计是以数据化形式存在

[1] 邓莉莉, 蒲嘉陵. 现代彩色打样 [J]. 北京印刷学院学报, 1995(1):53-61.

图 2-11 拒绝谣言（RGB）/ 张静瑶

图 2-12 拒绝谣言（CMYK）/ 张静瑶

[1]肖颖喆,张雯,谢勇.CMYK 与 RGB 颜色空间数字水印在印刷品中的应用比较[J].包装学报,2015,7(2):11-15.

[2]聂磊.新媒体环境下大数据驱动的受众分析与传播策略[J].新闻大学,2014(2):129-132.

的，终端屏幕显示器的分辨率直接就决定了作品的呈现质量，不存在其他的减损环节。随着技术的不断发展，各类终端的分辨率越来越高，新媒体传播中的招贴设计作品越来越多地获得了细腻、充满质感的视觉表现。总之，同一张公益招贴设计作品，在屏幕上呈现的视觉品质往往要优于通过印刷的复制件，其图像质感、视觉的感染力都具有很强的优势。

数字显示在色彩上更加丰富和细腻。新媒体传播是数字化的传播，公益招贴设计的色彩输出模式面临着从印刷模式 CMYK 到屏幕显示模式 RGB 的转变。RGB 颜色空间中的图像颜色较为鲜亮、饱满，而将 RGB 颜色空间中的图像转化为 CMYK 颜色空间中的图像后，其颜色整体偏暗[1]。因此，新媒体环境中的公益招贴设计不需要再输出 CMYK 模式的文件去印刷了，由此造成的色彩失真也就消失了。高饱和度的色彩、丰富的色相和色阶变化都大大提高了公益招贴设计的视觉表现力，这是需要设计师认真对待并好好运用的一种设计手段。同样是反谣言主题的公益招贴，《拒绝谣言》(见图 2-11、图 2-12) 是通过密集的贴纸中绚烂的、鲜亮的、略显"刺眼"的色彩来表现对于谣言的抗拒和反对的招贴设计作品，当把 RGB 模式转成 CMYK 模式后，色彩立马就变灰了很多，如果加上后期印刷或者打印的损失，还有张贴环境光线的影响，广告效果更是会大打折扣。总之，新媒体传播的优点显而易见。

4) 小结

在新媒体传播中，招贴设计这样的一种公益广告形式已经展示出了强大的魅力、传播力和适应力。充分认识到新媒体给公益招贴在传播过程中带来的变化，并有针对性地在创意内容、广告形式和视觉表现上发挥出应有的优势，必然能够使得公益招贴设计在公益传播中发挥出越来越重要的作用。当然，我们也应该认识到数字技术打破了媒体之间的壁垒，使得同一内容不仅可以多介质传播，而且在媒体之间的实时联动更为便捷[2]，基于传统媒体、新媒体的公益招贴设计不是你死我亡的状态，而是可以互为补充、互相赋能、共融发展，共同激发向善之心，汇聚行动之力，为社会主义精神文明建设添砖加瓦。

从创意到创意传播
From Creativity to
Creative Communication

图 3-1 博报堂用于诠释"生活者"理念的插图

3.1 广告创意的蜕变

一直以来，广告行业都疯狂地追求着覆盖率、到达率，信奉着"流量为王"，但是伴随着媒介和通信技术的纵深发展，消费者的时间变得"碎片化"，注意力则"粉尘化"，信息变得支离破碎或被快速覆盖、迭代，所以广告效果往往不尽如人意。当下的广告越来越难以给消费者留下深刻印象，更遑论能刺激消费者的购买兴趣和购买行为了，这给广告带来了巨大的挑战。与此同时，创意驱动的广告运作模式，在大数据、人工智能等技术介入广告业后变得举步维艰。技术在不断挤占广告创意在广告运作中的地位和空间的同时，其具身性也将身体议题重新推向了广告人的视野之中。在广告创意中围绕身体来设置场景，激活身体感官，以打造体验感来传达广告信息，是对技术不断倾轧的有效回应，也是广告创意与技术共生发展的必由路径。

1）具身性转型中的广告创意 [1]

[1]鲁普及.具身性转型中的广告创意[J].青年记者,2021(16):85-86.

[2]姚曦,任文姣.从意识沉浸到知觉沉浸：智能时代广告的具身性转向[J].现代传播（中国传媒大学学报）,2020(1):128-132.

人工智能技术的出现对于由创意驱动的广告运作模式来说是革命性的，广告业的核心业务面临前所未有的挑战：莎士比亚人工智能系统一秒钟能吐出上千条文案，AI设计师"鹿班"能够一秒钟设计8000张海报，"羚珑"甚至可以轻松地一键生成视频……从文案到海报、视频，各类广告形式纷纷"沦陷"。另外，"技术的具身性特点正在倒逼着我们重新审视被忽视或者说是被遮蔽的身体在传播中的位置和价值"[2]。大众传播时代一度被驱逐的、支离破碎的人类身体正在以新的方式融合在一起，融合在新型的智能化的身体之上，我们必须重新认识作为人类与外部世界互动中介的身体，以及其对于广告创意的价值与意义。重拾人类身体的感知经验并与技术融合共生，这样的具身性转型对于广告创意来说无疑开辟出了一条新的道路，大大拓宽了广告创意的想象力边界，也是对于广告创意过时论的有力回击。

身体：回归价值理性

大众传媒时代的广告发展是离身性的，是不断引入新的媒介技术，如印刷、广播、电视、网络等，不断突破人类身体感知器官的局限性，突破人类身体所处的时间、空间限制，从而达到跨时空的传播，并因此一步步走向繁荣的过程。时至今日，广告已经极大地介入和影响了人们生活的方方面面。在此背景下广告受众被视为"没有身体的意识理性人——抽象信息传递过程中的一个个节点终端"[1]，犹如一个个被动的信息接收机器，身体的价值被严重忽视。当然，这并不是说广告作品中没有出现身体元素，而是说在创意过程中没有正视身体在广告接受和广告效果达成中起到的关键性作用。

唐·伊德在《技术中的身体》一书中将身体分成三类，分别是肉身意义上的身体、社会意义上的身体和技术意义上的身体。肉身意义上的身体是与"消费主义"紧密相连的，在广告中颇为常见。美女、俊男和婴儿形象都是人们喜闻乐见的广告元素，成为广告吸引眼球、诱导消费的工具之一。社会意义上的身体是通过文化建构出来的身体，其在广告创意中也常常以符号的"能指"出现，借用特定的性别和社会文化心理来达成与目标受众的信息沟通、情感共鸣，实现增加广告传播附加值的目的。以上两者都仅仅将身体当成广告信息传播的工具来使用，是工具理性的彰显，这与技术意义上的身体明显不同。"当今移动网络、人工智能最突出的特点是，具身性的急速增强，技术呈现出与身体融合的显著特质"[2]，技术意义上的身体是处于技术之中的身体，是通过移动网络、人工智能重新建构起来的身体。这是身体议题重回广告领域的前提条件，也是广告创意围绕身体展开的逻辑起点。在新型传播技术条件下，技术是身体的延伸，广告又重新具备了人际传播的特征，这使得广告人不得不重新审视人类利用多种身体感知器官而不仅仅是大脑参与外界沟通的事实。广告创意不能仅仅将人的身体当作物质要素，如广告表达所借用的视觉符号或素材，而应以身体为中心，围绕身体、围绕多样身体感知展开广告形式与内容上的突破与创新，这是一种价值理性的回归。

内容：从信息展示到身体体验

大众传媒时代的广告依赖各类广告媒介传播信息，标准化的、适合媒介发布的广告文本将"身体"排斥在外，变成脱离了生活情境的、冷冰冰的信

[1] 孙玮. 传播再造身体 [J]. 新闻与写作，2020（11）：5-11.

[2] 谢新洲，何雨蔚. 重启感官与再造真实：社会机器人智媒体的主体、具身及其关系 [J]. 新闻爱好者，2020（11）：15-20.

息，广告受众是没有身体沉浸感的，仅置身其外，冷静地观察或收看广告。这种展示性的广告文本，其视听信息输入人的大脑后，通过思维解码最终还原成广告信息。在这个过程之中，身体的多样感知器官处于被动接受，甚至休眠的状态，体验性较差。

"具身认知主张身体是认知的基础，并将大脑、身体与外部世界理解为一个完整的整体，其中身体感知活动在认知过程中发挥基础作用。"[1] 广告的具身性转型就是要求在广告传播中重视身体的感知活动，强调身体与环境的互动，认为广告信息的传播绝不仅仅是依赖于大脑实现的，而是透过一个完整的身体系统，除了视觉、听觉以外，动作感知、位置感知、力量感知、触觉、味觉及环境对于各类身体感官的即时反馈等对于广告信息接受的影响都是不容忽视的。广告创意的内容从信息展示转到身体体验上来，就是认同了人类获取信息的过程是具身性的，并将广告信息巧妙地融入"全息式"的场景之中，调动广告受众的自主性，创造强烈的身体体验以获得受众的共鸣与认同。中国银联 2019 年发起的"诗歌 POS 机"公益行动就是典型的身体体验成为创意内容的广告。此广告将特殊的 POS 机放置在地铁站内，参与者只要通过手机闪付功能就能为大山里的孩子捐一元钱，且可得到一份孩子们创作的充满纯真和才华的诗歌集。在这样特意营造的支付场景中，参与者获得了多样的体验：便捷支付的产品体验，被留守儿童们需要的体验，独特的诗歌阅读体验……强烈而独特的体验使得该广告在各类社交媒体上被刷屏，获得了良好的传播效果，也因此摘得了 2020 年中国广告营销大奖唯一的全场大奖。身体在场的体验会大大限制广告传播的范围，这是大众传播时代排斥身体的一个主要原因。在这个例子中移动互联网技术赋能了身体，人们可以随时随地将点状的个人体验推向网状的社会领域，强烈的体验甚至能够获得人们的争相追逐，不断地在社交媒体上被转发，获得多次传播，其传播价值已不容小觑。

更值得一提的是具身化传播"通过技术对人类与世界的相处经验进行模拟，进一步通过技术对人类与世界相处经验的模拟，进一步强化既能离身又能获得身体在场 (presence) 体验的技术神话"。[2]AR、VR、MR 技术迅

[1] 别君华 . 人机共生：智能传播的技术具身 [J]. 青年记者 ,2021(5):9-11.

[2] 姚曦，任文姣 . 从意识沉浸到知觉沉浸：智能时代广告的具身性转向 [J]. 现代传播（中国传媒大学学报），2020（1）：128-132.

猛发展，并深度介入广告运作中，增强现实体验、虚拟现实体验等使得体验的获得变得更加便捷、更加丰富、更加自由，这也为广告创意提供了多样的可能性，使得其发展空间越来越广阔。

形式：从图文符码到场景转变

大众传媒时代的广告创意是一个将广告信息进行编码的过程，是一种典型的关于商品和服务信息的符号生产活动，类似于人类心智这台计算机对于广告信息的加工与操控，而消费者通过广告媒体在另一个时空中解码信息，从而完成整个广告传播过程。具体来说，广告创意是广告人根据客户的要求，凭借自己的经验与灵感在特定文化语境中创造性地将文字、图形、图像、色彩等形式要素进行排列组合，以期准确、鲜明、生动、形象地表达广告诉求。如今大数据、人工智能技术深度介入了广告活动，对于消费者数据的收集、整理、分类、筛选的能力与速度是我们人类所无法企及的；其对各类形式的素材在语义逻辑上进行多样排列组合的能力和效率也大大超越了人类的想象；广告信息的精准分发也在一定程度上消解了广告主对于覆盖率、冲击力的一味追求。以图文编码为核心的广告创意必定所拥有的生存空间越来越狭小，相关广告公司的业绩也呈持续下滑之势。

与此同时，场景化广告近几年在广告业界备受推崇。场景有效地回应了技术的具身性，突出了受众身体的中心地位，充分考虑到了人的身体和身体所处的地理位置、空间情境、社交氛围等因素在广告信息接收中的作用。一方面，技术越来越多地嵌入人类的身体中，各类移动设备、传感器时刻伴随在人们身边，身体已经成为包含了媒介技术的身体。另一方面，身体是人类与世界联系的物质基础，不是孤悬于世外的，身体总是处于特定的场景之中并与之互动。因此，以场景营造为目的的广告创意便呈现出了具身性的特征，不仅没有和技术对立起来，反而很好地包容了技术，同时也充分考虑了身体的多样感官在信息接收过程中的作用。面对注意力碎片化、对广告充满抗拒的消费者和大大超越人们接受阈限的信息量，创造性地设置真实场景、增强现实场景或者虚拟场景，可以让受众的身体参与到场景中来，并在知觉沉浸、具身体验中完成广告信息的传递。集空间环境、文化语境、社会经验、身体感知为一体的场景真正凸显了人类的创意价值，这是从更高的层面对于技术的积极应对，也是与层出不穷的、飞速迭代的技术融合发展的新思路。

2) 广告创意的场景化解决方案 [1]

场景思维下的广告设计，主要由场景、体验、诉求三要素构成。场景是广告呈现所需的物质条件，包括时间、空间、事件等形式要素及其与消费者的互动关系，是广告呈现的外在形式；体验是人在场景中的感性体悟，也包含了广告与受众之间的情感沟通；诉求是广告要传播的信息，是广告传播目的的集中体现。从广告设计者的角度来看，是先通过建立广告诉求和场景体验的关系完成创意过程，然后根据场景体验的需要寻找或搭建场景来完成最终的设计呈现（见图 3-2）。从受众的角度来看，其对于广告信息的接收过程则恰恰是相反的：先是从建立对于场景各要素的感知开始，然后在互动中获得独特的场景体验，最后由此场景体验联系到广告诉求上去，从而完成广告信息的传播。要真正理解场景化思维下广告设计的信息传播机制，就必须

[1] 鲁普及. 场景化思维下广告设计的特征及其信息传播机制 [J]. 包装工程 ,2022,43(2):211-215.

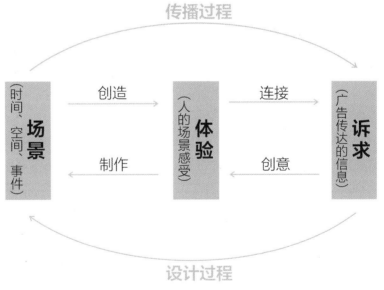

图 3-2 广告设计的传播机制结构 / 鲁普及绘

中华环境保护基金会发布的公益广告《绿色出行》就是在设计中充分地利用了红绿灯路口这一生活场景，充分考虑到了其中的人（行人）、时间（世界无车日）、空间（人行横道）、事件（过马路）等要素。当行人过马路时，海报上就会留下绿色的脚印（斑马线边上饱含绿色颜料的毯子提供着色），每一只绿色的脚印就像一片树叶，让本来凋零的树干鲜活起来，非常直观地传达了少开车、多步行、共创绿色环境的主题。

图 3-3 绿色步行 / 熊超 / 2010

回答以下几个问题：受众对于场景的感知方式是怎样的？受限于"点状"时空环境中的场景体验如何实现广泛传播？广告诉求怎么注入场景之中？

场景的感知

消费者对于广告信息的获取，总是从广告的外在形式入手，对于场景思维下广告设计的感知则是从一个个真切的生活场景开始。当场景成为广告的呈现形式，受众对于广告的感知也不再局限于相对孤立的文字、视觉或者听觉符号，而是各场景要素和广告诉求组成的一个相互关联的有机整体，比如可以是清晨打开手机看到的一篇微博软文，午后咖啡厅里看似不经意放置的一张稀松平常的照片，我们每天上班路过的某个十字路口，周末的公园里一个可以植入的大型装置……通过这些包含了具体时间、空间、事件的场景，人们不再是隔着各类媒介去"看"挥之不去、让人生厌的广告了，而是不经意之间就撞到它，身处其中而不自知，并最后接收到广告信息。又因为场景化的广告往往还有着极强的参与感和互动性，人们更容易自然而然地沉浸其中去感受它，成功地排除了内心对于广告的抗拒和碎片化信息的干扰，因此，场景化思维下的广告设计与受众之间的关系更紧密，频频出现的媒体渠道失灵、广告与受众的连接失效的窘况在场景中都可改善，甚至彻底解决，场景成为一种有效的广告解决方案。

体验的传播

场景的特性在于真实的互动，互动通过体验实现[1]。体验可以是一种心理认同、一种体悟、一种知识获取后的满足感，还可以是一种情感的触动，或震撼、或愉悦、或宁静……不管是哪一种体验，都是"具身性"，须人们置身场景之中获得身临其境的心理感受，故场景思维下的广告设计，本质上是一种基于"窄众传播"的设计，其广告信息传播受制于一定时空场景的局限，真正能参加现场体验的人总是有限的，而互联网传播尤其是社交传播很好地打破了场景体验的时空限制，"让现场的点与社会的面整合在一起，终端与活动的传播价值得到了重新诠释"[2]。互联网带来了传播模式的变化，

[1] 王霞. 基于情感诱发的场景化广告及其建构逻辑 [J]. 今传媒, 2017, 25(5):140-141.

[2] 张惠辛. 场景化传播的价值 [J]. 中国广告, 2018(5):5.

尤其是在社交媒体出现后，广告不再仅仅是广告主发起的单向传播活动了，受众也可以成为广告的主体，一旦好的场景体验打动了他（她），广告便会获得几乎是实时的分享、转发，从而焕发出蓬勃的生命力。体验，尤其是新奇的、强烈的、独到的场景体验是稀缺资源，是激发广告被 2 次传播、3 次传播，甚至是 N 次传播的基础，是由"点状"的场景连通"面状"社会的核心要素，也是广告成功与否的关键。随着 AR、VR、MR 等技术的不断发展，受众体验的营造将不断地由实体拓展到虚拟，技术为体验的丰富性、易得性提供了更多可能，此类广告设计也将获得更加宽广的发挥空间。

诉求的连接

广告诉求是广告信息的核心内容，是决定广告说服效果的关键因素 [1]。毋庸置疑，广告是一种有目的的传播活动，任何广告作品都有一定诉求表达，其诉求或实或虚、或现或隐、或短期或长远、或追求商业效益或维护公共关系。"场景化思维的核心是'连接'[2]"，场景体验如果最终不能与广告诉求建立起必要的关联性，就是为了场景而场景，为了体验而体验，为了设计而设计，会失去广告应有的价值。广告诉求的表达，最简单的方式是直接在空间中显眼的地方标明品牌标志或者广告语，将广告信息与场景捆绑在一起。高德地图的广告中，在地图界面的右下角就放置了品牌的名称，将场景体验与品牌信息进行了连接。我们设想一下，如果实时变化的地图界面被放置于公园里是怎样的结果呢？很明显广告效果会削弱很多，也就是说只是将广告信息与场景简单绑定是不够的。好的广告设计，一定是充分考虑到品牌、产品或服务的特性，将广告诉求与场景体验高度契合地连接，使得广告信息和场景体验具有情理之中而又意料之外的联系，受众则可以很自然地从美好的场景体验联觉到广告信息上，没有丝毫的违和感，广告诉求的表达便水到渠成了。

互联网时代的广告行业正在经历着前所未有的变革，传统的广告越来越难以达到预期效果，作为广告生产重要环节的广告设计也理应与时俱进、不断拓展设计思路以适应当下媒体生态环境。在广告设计中引入场景化思维，恰恰是一种卓有成效的解决方法。场景化思维下的广告设计，将广告融入人

[1] 庞隽，毕圣. 广告诉求 - 品牌来源国刻板印象匹配度对品牌态度的影响机制 [J]. 心理学报, 2015, 47(3): 406-416.

[2] 包冬梅. 场景化思维：重构学术图书馆与科研用户的连接 [J]. 情报理论与实践, 2018, 41(5): 55-60.

图 3-4 事关人命，遵守交规 / 陈耀福 / 2014

"这些因交通事故致残的受害人或因交通事故死亡的受害人家属极力克制自己的情绪，以真实人物充当交通指示标志，这种现身说法最具警醒作用。他们静静地站在车祸易发地段，高举交通标志，提醒大家遵守交规。这支关爱生命、安全出行的广告战役让大家看到了违反交规带来的恶性危害。针对事故多发地段精心制作的视觉广告和短片直观、犀利地传达了道路安全的重要性。"[1]《事关人命，遵守交规》让车祸的受害人在出事的地点高举交通指示牌，提醒各位驾车人士要注意道路安全。没有简单说教，而是意料之外的概念表达，发人深省的意向呈现。整个广告最有突破的不仅仅是让受害人现身说法和各种"触目惊心"的画面，更有意义的是别克汽车在"企业关注公益和尽社会责任"上一次积极和深刻的表达。

[1] 数英网
https://www.digitaling.com/projects/45702.html。

们非常熟悉的各类生活场景之中，让人猝不及防，且能够获得更多的沉浸感和体验感，从而在广告和受众之间建立深度的情感纽带，并能够通过互联网将这一"点状"的体验传播到全社会，从而在繁杂的信息干扰中脱颖而出进行大范围甚至是病毒式的广告信息传播，这无疑是广告设计从业者对于当下媒介环境的一种有力回应。本节是对于场景思维下广告设计的基本特征及其信息传播机制的分析，不仅阐述了该类广告在设计形式、设计内容和设计方法等方面的基本特点，也从受众的视角阐述了其广告信息的传播过程，诠释出了此类广告设计的价值。作为一种新的思考框架和工作方法，场景化思维在未来的广告设计中必定有着更为广泛的应用空间。

3.2 创意传播概述

背景知识：

1976 年，英国生物学家理查德·道金斯在出版的《自私的基因》一书中创造了 meme 这一新词。

1998 年，meme 一词被《牛津英语词典》收录，解释为"谜米：文化的基本单位，通过非遗传的方式，特别是模仿而得到传递"。

2006 年，杰伊·康拉德·莱文森在《营销创新力》（许仲彦译）一书中将 meme 翻译成沟通元（单向的，融合了 USP、定位及情感销售等多种理论的概念）。

2012 年，陈刚等在《创意传播管理：数字时代的营销革命》一书中将 meme 引入广告传播领域。

1）创意传播的定义

创意传播，是回归了传播的具身性，将编码场景和解码场景同一化考虑的创意思路和传播解决方案。创意传播为创意提供了特定的应用场景，可以表述为充分考虑传播场景的创意活动或者针对传播而开展的创意过程，是跳脱了创意本体论和认识论的新视角，是创意对于新媒体环境的积极应对。目前学界对于创意传播有着多种不同的表述。向勇认为"创意传播，就是在互联网语境下发展起来的以人为本、以文化为素材、以创意为手段、以场景为体验的传播生态与传播方法[1]"。陈刚等将创意传播明确为"根据生活服务者的策略，依托沟通元进行创意构想，并将沟通元的各种表现形式利用相关传播资源展现，激活生活者，在分享、互动和协同创意中创造交流、创造话题、创造内容，进而创造传播效果的营销传播模式[2]"。还有学者认为创意＋传播反映了广告的本质，希望以创意传播来替代广告学这一专业名称，认为这一产生于大众传播时代的称呼——广告，显得不合时宜，但此观点目前尚未形成统一的共识。

不管是哪一种观点，都反映了学者们对于媒介环境的敏感，都希望将"创意"和"传播"这两个概念深度融合，以主动应对快速变革的数字媒体时代。"传播是人与人之间、人与社会之间，通过有意义的符号进行信息传递、信息接收或信息反馈活动的总称[3]"，传播概念涵盖了整个广告活动，将其与创意一词并列为"创意传播"，是跳脱了本体论对于创意采用了更为宏观、整体的视角，体现了作为内容的"创意"和社会生活、媒体形态的整合。创意和传播呈现出互为目的、互为手段的局面：一方面，创意是为了更好地传播，深植于文化语境、传播场景之中来展开构想，创意是手段，是传播策略的优化；另一方面，传播是为了意义的实现，是创意价值化的过程，传播是为了服务于创意的表达，又是实现创意的手段。这符合象征互动理论关于传播与结构关系的表述，即"意义、结构不是固有的、客观的，而是与传播过程共生、共存、共变的[4]"。就广告而言，意义的获得不仅仅是由创意文本／作品的结构决定的，更多的是在符号解释、符号交换、符号理解的过程中产生，是在传播的全过程中产生。这显然更容易帮助我们认识创意和数字媒体时代广告活动的本质。从创意到创意传播的转变，不仅拉长了创意的链条，从广告作品的生产延伸到了广告活动的全过程，放大了创意思维的应用空间，而且在生活者参与、体验的过程中，保证了创意效果的提升，开创了一种新的传播模式。

[1] 向勇. 非物质文化遗产创意传播的三重立场：中国性、现代性和未来性[J]. 云南民族大学学报（哲学社会科学版）, 2023, 40(6): 58-61.

[2] 陈刚, 沈虹, 马澈, 等. 创意传播管理：数字时代的营销革命[M]. 北京：机械工业出版社, 2012: 120.

[3] 董璐. 传播学核心理论与概念[M]. 北京：北京大学出版社, 2016: 1.

[4] 张国良. 传播学原理[M]. 2版. 上海：复旦大学出版社, 2014: 181.

2）创意传播的基本特性

创意传播看似两个词语的简单相加，实则反映了对于在数字媒体这一新的传播生态下孕育出来的广告传播的认识发生了巨大而深刻的变化，其基本特征主要体现在受众、创意、传播等三个方面。

受众——生活者

在《麦奎尔大众传播理论》中，受众是分布广泛、规模大，缺乏自我意识和自我身份，异质的、非自主行动的组织形式。这显然是站在专业人群或机构"把关人"的上帝视角，强调了受众在传播过程中的被动性，将受众视为信息传播的目的地、信息的消费者和反馈者。在新媒体传播环境下，单纯的、被动的受众群体越来越小，目标受众的边界变得越来越模糊、变动不居，不再是没有思想的、没有情感的、没有自主行动的"接受终端"。而由日本博报堂广告提出的生活者，则是有血有肉的，拥有自己的生活方式、自己的抱负和梦想的人，在数字媒体时代的广告传播中这一说法显然更加具有说服力。生活者既是广告的受众也是广告的发起人，当暴露在媒体面前时，生活者就是信息的目的地、接收端，而且是有个人喜好、有自主选择权的"受众"；

图 3-5 日本博报堂年报图片

生活者：一个个活生生的消费者。

从 20 世纪 80 年代开始，博报堂将经营理念的中心转到"从生活者角度出发"上来。生活者，字面意思是"生活着的人"；生活者所表达的是整体意义上的人——拥有自己的生活方式、自己的抱负和梦想的人。

生活者还会根据自己的意愿，在网络空间中转发、分享甚至发表个人观点与评价，此时其又反客为主地转变为信息的编码者、发送端。受众或消费者的称呼，显然是将生活者片面化了，也是将传播过程简单化，忽略了很多的变量，仅仅考虑单次的传播行为，与数字生活空间的广告传播是不匹配的，也不利于我们认识广告传播和指导广告传播实践。对于公益广告而言，既没有明确框定某个信息接收群体，又因为是涉及不确定数量利益人的公共议题，而几乎向所有人群开放，因此生活者的概念也颇为适合描述公益广告的传播对象。"大众传媒时代的消费者已被'生活者'所替代，广告主已被'生活服务者'所替代"[1]，创意传播就是为生活者服务，在共同参与中实现信息共享。

创意——塑造沟通元

随着传播对象变成了生活者，创意的根本任务也变成了塑造沟通元。沟通元来自英文 meme 的翻译，意为"文化的基本单位，通过非遗传的方式，特别是模仿而得到传递"[2]，也被翻译为模因、迷因、觅母、文化因子、梗等。沟通元是传播中的文化基因，其凝聚了社会关注点，在数字生活空间具有极强的识别性、生命力，并在与生活者互动的过程中不断被重塑、复制、分享，进而引发协同创意效应，从而推动散点式网状传播，获得以点带面的传播效果。

"沟通元是创意传播的核心要素，它既是传播的载体也是实现创意的元点。"[3]沟通元的外在形态是多样的，可以是一张图片、一个表情包、一条微博、一部网剧、一段文字、一个活动、一个游戏……不仅凝聚了生活者感兴趣的内容、话题，且简单明了、易于复制与分享。以塑造沟通元的方式来完成创意目标是广告策略性的充分体现。沟通元亲近生活者，很好地排除了噪声干扰，给生活者带来参与、体验的便利，克服了碎片化的注意力带来的传播失效的缺陷，以小博大，大大降低了传播成本。沟通元还是广告创意的元点，创意不再围绕着具体的广告形态、作品模式展开，也不再是仅仅为广告概念的创新性表述和广告诉求的艺术呈现服务，而是深入数字生活空间，寻找生活者的兴趣所在，寻找社会热点话题，然后根据广告诉求的需要将其

[1] 陈媛媛. 广告设计中"泛创意论"现象探析 [J]. 美术大观，2019(7): 110-111.

[2] 郎丽娜. 文化基因研究的概念和历史 [J]. 广西民族大学学报（哲学社会科学版），2017, 39 (2): 8-13.

[3] 陈刚，沈虹，马澈，等. 创意传播管理: 数字时代的营销革命 [M]. 北京: 机械工业出版社，2012: 121.

塑造成沟通元，完成广告创意工作。

传播——激活生活者

在数字生活空间中，每个生活者既是受众，又是传播者，因此在创意传播活动中，传播可以分成两个继发的过程：投放沟通元和触发创意传播。这颇为类似于核弹的爆炸，其过程也分为普通爆炸和核爆炸，投放沟通元是引爆普通炸弹，看似普通却极为重要，其目的是使核弹迅速达到临界值，引发链式反应，使其在微秒级的时间内释放出巨大的能量和骇人的杀伤力，这后半个过程就是"触发"创意传播，是传播量的倍增过程。

投放沟通元是将优化、加工过的沟通元投放到生活者的数字生活空间，让沟通元与生活者的数字生活空间不期而遇，为激发创意传播提供条件。这一阶段和大众传播时代大同小异，只是传统媒体、新兴媒体均可采用，目的是让沟通元暴露在生活者的面前。触发创意传播充分体现了新媒体时代的传播特征，此时的生活者不再是被动地接收信息，而是主动参与到传播盛宴之中，成为后续传播的重要生力军，其具体表现形式有复制、诠释、转发和参与二次创作、演绎等协同创意行为等，从而完成裂变式传播。从信息扩散的角度看，若干生活者在新媒体上看似分散的点状的分享迅速拓展为网状的传播，获得 2 次甚至是 N 次的转发，极大地放大了传播的能级。从生活者自身的角度看，生活者在参与创意传播的过程中获得具身性体验，领会沟通元中隐含的广告诉求，将其或多或少地内化为自己的认知，逐渐形成社会共识。

3.3 公益广告的创意传播

1）创意传播的必要性

在数字媒体时代，生活者普遍信息过载，海量信息极大地稀释了传播的效果。因大众传播的惯性思维，以及对于数字媒体特色的认识不够，不能正视生活者的主体地位，我国公益广告的传播问题重重。前文中创意的具身性转型实际上是广告传播向"以生活者为中心"模式的转变，在媒体环境中展开创意发想，注重时效性，实现公益广告的既定目标，促进社会的良性运行、健康发展和文明程度的提高。

首先，在广告目标上，不能满足于告知的目的。从公益广告的内容上看，随着受教育水平的不断提高和互联网的普及，信息闭塞的时代已经过去，公益广告传播的内容一般都为人们所了解、熟悉，信息的告知已经不再是公益广告最核心的目标了。不假思索地反复传输熟知的信息往往会进入睡眠效应，传播效果逐步下降。另外，在知晓和态度、行动的改变之间是有着巨大鸿沟的，以告知为目的广告效果也难以保证。相反，采用软性的、艺术化的情感共鸣方式，在潜移默化中获得生活者的认同、内化为生活者的自觉，才能切实做到既"入脑"又"入心"，最终达成传播意图，这也更有利于公益广告的发展。

其次，在广告内容上，以传者为中心已不合时宜。以传者为中心是典型的宣传思维，凭借传者自身的经济或行政权力，在"说什么"和"怎么说"上以自我为中心，只顾完成任务而不对最后效果负责。在"说什么"上，以传者为中心体现在内容空泛、不接地气上，广告主题较少与生活者的生活世界发生关联，公益广告较难建立起与生活者的情绪链接、情感共鸣。在"怎么说"上，以传者为中心体现在创意设计的作者思维上。作者思维凌驾于公益广告之上，为了创意而创意、为了形式而形式，缺乏服务意识，没有考虑生活者的喜好和欣赏水平，导致公益广告作品要么缺乏亲和力、接受度，要么是言不达意、不知所云。这也成为很多公益广告被忽略、被无情划走、完播率不高的原因之一。

最后，在广告形态上，展示性作品的效果有限。展示性广告是指根据既有广告形态，创作和发布作品来实现公益目标的广告方式。在数字媒体空间中，很容易因为生活者选择性暴露、选择性理解，很多作品即使表达得非常精准、充分，也没能获得足够的关注与理解，出现失能的现象。展示性广告的效果正处于逐步衰减中，多元化且强调互动、体验已经势在必行。要完成公益理念的传播，不一定非要咬定展示性的作品创作不放，很多强化人际交流、具身性参与的主题活动，如一个场景、一个展览、一场会议、一项大赛……都可以成为创造意义、凝聚社会共识的传播方式。这些须肉身到场的活动，更能提供沉浸式时空体验，对于追寻社会效应，实现社会协商、社会动员、意义共享的公益广告都是颇为有效的。而且在人人皆媒的时代，超越预期的具身性体验往往是生活者最乐于在各类社交媒体分享、转发的重要内容。回归到凝聚共识、意义探寻、维系社会发展的核心目标，公益广告的广告形态将有极大的拓展空间。

2）创意传播的类型

公益广告的创意传播就是要坚持以生活者为中心，在"传播"与"创意"联动的过程中塑造、完善与公益理念相契合的沟通元，在创意中融入传播思维、强化服务意识，在传播的过程中实现创意的目标。具体说来，在公益广告中塑造沟通元的路径主要分为外求型和内生型两种（见表3-1）。

表3-1 塑造沟通元的路径比较

沟通元类型	基本内容	特征	基本思路	优点	缺点
外求型	社会热点+广告诉求	传者适配	由外而内。从社会热点入手，寻求与自身目标的契合点，塑造沟通元	以社会热点为出发点，推波助澜的同时表达广告诉求；关注有保障，传播成本低	不是所有社会热点都能为我所用，有不确定性；广告诉求有被人忽略的危险
内生型	广告主题+热门话题	传者主导	由内而外。从广告主题入手，辅之以热门话题，塑造沟通元	以广告主题为中心，表达有保障；适用面广	热门话题的选择有局限性，往往是小话题，传播深度、广度有限

外求型创意传播

所谓外求型创意传播就是沟通元的获得是从外在的社会热点出发，由外向内完成沟通元的塑造，然后围绕沟通元来展开创意传播。具体而言，是在数字生活空间中检测、挖掘、遴选社会热点事件、引人关注的话题，并因势利导在其中植入与之适恰、契合的广告诉求内容，完成沟通元塑造。此类型创意传播可以用以下公式来示意：**社会热点（外求）+ 广告诉求 = 沟通元**。社会热点之所以能够形成，往往是因为契合流行文化、与生活者息息相关，获得了生活者的广泛关注、情感认同和热烈谈论，从某种意义上讲也是生活者共同心声的表达，稍加助力便可一波接着一波地在全社会迅速蔓延开去。通过监测社会舆论，遴选社会热点事件，并迅速反应、巧妙植入公益理念，顺势打造沟通元，便能激活公益广告的创意传播。看似人云亦云，却是在推波助澜的同时很好地将社会热点为我所用，能够借助热点流量放大广告声量，传播范围广，影响力大。

社会热点依据发生方式分为既定的热点和突发的热点两类，前者是可以提前预判、事先有较长时间筹划的，后者则是生活者制造的，随机发生并不断演化，须敏锐洞察、发现，且稍纵即逝。其中既定的热点是比较常见、行之有效的沟通元塑造方式。每一位生活者都是深嵌于社会文化生活之中的个体，必然有其较为关注的文化活动、节日、社会重大事件，如文化节日类——二十四节气、国庆节、春节、中秋节……又如重大事件类——奥运会、探月工程等。这些节日、事件为全体生活者共享，其时间、内容等都可以提前知晓、预判，这为提前谋划沟通元创造了可能。结合公益诉求点预先塑造与这些节日、事件相匹配的沟通元并在恰当的时间投放，使其成为这些节日、事件的重要组成内容，润物细无声地渗透进生活者的生活中，潜移默化地完成公益理念传输，往往能获得事半功倍的传播效果。央视春晚公益广告《回家篇》无疑是个非常典型的例子。春晚这个万众期待、充满仪式感的活动，每年都有，时间也是固定的，这为塑造沟通元提供了确定性。在春晚中嵌入宣扬中华传统文化元素的公益广告，不仅提升了春节氛围感，而且将广告诉求深深植入亿万观众的心田。

突发的热点，属于充满不确定性的社会热点，需要生活服务者对于社会舆论具有相当的敏感性，放出眼光去发现和筛选。生活者的创造力是无限的，由无数个生活者组成的社会自然是个巨大的资源宝库，每天都在创造着各种各样的话题、事件。其中大多数如焰火一般旋即消失，而其中不乏出现一些有生命力的、特色鲜明的话题，能够引起其他生活者的共鸣、复制，并在社会上渐渐形成了一定的覆盖面、影响力。创意传播就是建立在生活者创造的社会热点基础上的，接地气、为生活者喜闻乐见，往往能够获较好的传播效果。不利之处也显而易见，社会热点随机发生，且不是所有的社会热点都与公益广告主题相关且能成功塑造沟通元，因此好的外求型创意传播具有不确定性、可遇不可求。

内生型创意传播

从需要表达的主题出发，由内向外寻找可植入的社会热门话题，塑造沟通元以激发创意传播，即内生型创意传播。该类型的创意传播一般围绕广告主题来设置议程、融入高契合度的话题，引发生活者的关注、讨论与参与，从而实现沟通元的塑造，即类型二：**广告主题（内生）＋热门话题＝沟通元。**内生型创意传播是以广告主题为出发点，看似与现有公益广告的作品模式无异，然而底层逻辑却有着巨大的差异，主要表现在不拘泥于创意本体上，即不是寻找合适角度诠释广告主题，然后将经过艺术性加工的传播载体投放到媒体上，而是从传播的角度寻求广告主题与社会热点的巧妙结合，将广告诉求融入文化基因中去，融入数字生活中去。

内生型创意传播的关键是基于现有主题寻找与其相契合的社会热点，塑造出能够激发生活者兴趣的沟通元，使其具有较强的可分享性、延展性、可互动性等特征，以放大实际传播效果。依此路径的创意传播，要解放思想束缚，摆脱一板一眼的以传者为中心的口号式宣传，切实以生活者为中心，从新媒体传播生态入手重新审视主题，寻找广告主题表达与生活者的兴奋点之间的最大公约数，从而塑造出有生命力的沟通元。在生活者处于信息严重过载的情况下，不能激发生活者兴趣、不能建立与生活者链接的信息被自动归为"冗余"，这就是很多公益广告沦为生活背景信息，不能进入人们心智的重要原因。应回到生活者具体的生活场景中，将公益主题加以分解、演绎、延展，并与生活者的关注偏好、关注聚集融合塑造出沟通元，通过投放沟通元来实现内生型创意传播。

此类创意传播方式在商业运用上颇为成功，而公益广告领域则或多或少地存在主导方大多为政府部门，导致出现限制过多、包袱过重，对于生活者关注偏好不够敏感或反馈不够及时，以及主题诠释宽容度不高等"管得太死"的现象，客观上造成了公益广告整体水平不高的状况。反观国外，很多优秀的公益广告多由独立的公共广告机构来组织开展，思想负担相对轻，专业自由度很高，反而容易出精品。

3）创意传播的实施

创意传播的核心是沟通元，创意传播的实施也是围绕着沟通元来展开的，从塑造沟通元，投放沟通元，到与生活者协同完善沟通元，直至广告传播效果达成。整个过程可以分成创意和传播两个阶段，这两个阶段并非孤立存在，而是在创意的过程中关注传播，在传播的过程中不断优化创意，两个过程浑然一体，循环推进（见图3-6）。

塑造沟通元

大众传播时代的创意是通过市场调研获取市场洞察，然后将消费者的心理偏好和市场机会点作为广告运作起点，量身打造一个"大创意"，然后在不同媒体分发。这是典型的服务于广告主的、以信息传播主体为中心的、静态的单向传播的模式。创意传播模式下的创意是以生活者为中心的双向传播的模式，塑造沟通元的阶段看起来与其有几分相似，但是创意表达凭借的素材和建立关系的方式发生了较大的差异。

寻找素材。创意传播须紧扣生活者喜闻乐见的内容，广泛关注数字生活世界的一切文化现象、舆论走向、社会热点话题。这些都是创意传播的素材，具备了沟通元的雏形，已然具有相当的传播性。"好的内容会走路"，这些创意的素材，不仅可以便利地突破生活者的选择性暴露、选择性关注的问题，拉近生活者和公益理念之间的距离，大大确保了沟通元的传播力，而且增加了沟通元与生活者互动的可能性，是创意传播广告效果的基本保障。

创建关系。不管是外求型创意传播还是内生型创意传播，创意的核心都是建立起生活者普遍关注的信息和公益广告主题之间的关系，并因势利导地塑造沟通元。不拘泥于特定广告形态，为"作品"所累，创意的呈现形式可以是一条微博、一篇官微软文、一张照片、一条短视频、一个游戏、一场展览、一次研讨会……能够将素材与公益广告建立起联系的形式都可视为创意传播的可选项。需要注意的是，在创意的过程中，切不可阉割了素材的特色，尤其是其中能够给生活者提供情绪价值的部分，能给人新奇、乐趣、感动和自我表达需要的部分，这样才能进一步提高内容共创的概率。

完善沟通元

启动传播。选择"媒体"投放沟通元，启动第一轮的传播，使其获得一定的曝光量，能够为生活者所感知到，其目的是为启动下一轮传播提供可能。因此，沟通元的投放，须着眼便于互动、反馈的目标，所选择的媒体可以包含电视、广播、报纸、门户网站等，但绝不能局限于这些单向传播的媒介，而要重点关注企业官微、微博、论坛、网络大 V、抖音、bilibili 等社交属性更强的渠道，方便与生活者实时互动。

滚动传播。创意传播不是传统广告似的一锤子买卖，经过第一轮投放就完成了使命，而是动态监控、跟踪、持续推动沟通元的发酵、升级、迭代，将传播活动推向一轮又一轮的高潮。创意传播的滚动传播是通过延拓沟通元

图 3-6 创意与传播的互动关系示意图

"创意""传播"二元动态循环的创意传播过程示意图（见图 3-6），不仅揭示了塑造沟通元和完善沟通元不断循环，持续滚动，直至达成传播目标的创意传播的动态实施过程；也反映了境域论层面创意价值实现的路径，即在与社会共传、共享、共创的过程中完成意义共享。

图 3-7 快看呐！这是我的军装照 / 图片来源：https://rrx.cn/content-rc0dew

的生命力来实现的。沟通元不是一成不变的，而是在投放的过程中通过调动生活者的热情，并全过程给予引导、积极反馈，触发生活者的讨论、分享、改造，集聚生活者的聪明才智，在共享、共创中完善、丰富沟通元，不断升级、扬弃，使沟通元日趋向数字生活深层空间渗透，持续获得生活者的关注。随着沟通元内涵的不断丰富，广告诉求也得以向全社会渗透。

接下来以《人民日报》推出 H5 广告《快看呐！这是我的军装照》为例简述一下创意传播的实施过程（见图 3-7）。该 H5 广告在 2017 年八一建军节期间推出，紧扣八一建军节主题，以相册的形式，用时间长河的概念来升华中国人民解放军建军 90 周年的主题，创刷屏新高，最终浏览次数累计 8.2 亿，访客累计超过 2 亿，一分钟访问人数峰值高达 41 万，创下吉尼斯世界纪录。

设立建军节是为了纪念人民军队的诞生和艰辛历程，激发将士们捍卫国家的斗志和营造爱军拥军的社会氛围，此次活动为公众表达对于解放军的崇敬、热爱之情提供了很好的载体，取得了不错的广告效果。该创意传播在创意阶段，首先根据军服演变历史，将 90 年军服史划分为 11 个阶段，确保每个年代至少有一套男女士兵军装素材照片；然后，借助天天 P 图在人脸替换、人脸美化方面的技术优势，为每一位用户提供了只要上传自己的照片，就立马能够"穿上军装"并获得 11 张英姿飒爽的戎装照片的体验。这个创意将建军节和用户穿军装紧密联系起来，建立了普通生活者与建军节之间的联系，塑造了"军装照"这一图册形式的沟通元。在建军节期间，在朱日和大阅兵影像铺天盖地的大背景下，将此沟通元投放到生活空间中，非常应景且成功地激起了生活者的浓厚兴趣，引发了大量生活者上传照片、进行朋友圈分享，于是越来越多的人期待看到自己的戎装照片，纷纷自发参与创作，不断丰富军装照的多样性，从而快速产生了裂变式传播。再配合雷军、杨洋、佟丽娅等几大热门大 V 的分享转发，"军装照"和对于军人、军队的各类褒扬话语迅速火遍全网，在全社会引发了一场大秀军装照的热潮，成功烘托了建军节气氛，给大家带来了一场前所未有的节日体验，在生活者具身参与之中也厚植了对于军人、军队的崇敬之情，实现了创意传播目标。

公益广告大赛的
创意传播

Creative Communication
of PSA Contest

传播仪式观视域下公益广告大赛的传播特性与功能

外求型创意传播

内生型创意传播

图 4-1 评审照片 / 鲁晋及摄

4.1 传播仪式观视域下公益广告大赛的传播特性与功能

对于公益广告而言，生活者不仅是广告传播的对象，也是公益行为的践行者，还是公益行动的受益者。公益广告活动的目的不再是控制空间和人，而是强调"参与""体验""共同体"，以维系一个和谐、秩序井然的"我为人人，人人为我"的社会氛围，弘扬道德风尚，促进社会文明程度的提高。公益广告作品征集、评比、表彰与展示都是非常不错的传播形式，可以召集到广大生活者，如城乡居民、大学生、设计师、业界专家等广泛参与交流、协商，共享公益文化。当然，如今大赛也越来越多，若要将活动举办得卓有成效，也需要注入创意传播的理念。

自 2013 年央视春晚公益广告播出以来，公益广告迅速成为社会热点话题。与此同时，各级政府机构、行业协会、高校、媒体牵头组织的各类公益广告大赛，如雨后春笋般相继出现，如"全国公益广告大赛""全国电视公益广告大赛""设计之都（中国·深圳）公益广告大赛""北京国际公益广告大会创意征集大赛""长三角地区公益广告大赛""上海市公益广告大赛"等等。公益广告赛事越办越多，一届又一届，虽也有部分优秀公益广告作品通过大赛脱颖而出并获得线上、线下展示，但从整体上来看大赛这种形式泛滥、老套，其对于公益理念的传播总有隔靴搔痒之感，信息传播的范围和显性效果都似乎难以保证。那么，公益广告大赛的频繁举办究竟是劳民伤财，还是有着更深远的社会意义呢？公益广告大赛又发挥了怎样的社会功能呢？本节就从传播仪式观视角对以上问题展开一番探寻。

1）仪式观与公益广告大赛的关联

詹姆斯·凯瑞所提出的传播仪式观，开创性地为传播提供了效果研究以外的文化学视角。"传播的'仪式观'并非直指讯息在空间中的扩散，而是指在时间上对一个社会的维系；不是指分享信息的行为，而是共享信仰的表征 [1]"，这显然为认识公益广告大赛的传播特性及其深层次的社会价值提供了新的视角和路径。"在时间上对社会的维系"是"大赛"这种社会性参与

[1] 詹姆斯·凯瑞. 作为文化的传播："媒介与社会"论文集（修订版）[M]. 丁未，译. 北京：中国人民大学出版社，2019:18.

活动的典型特征，而"共享信仰的表征"也恰恰是包含价值观、社会认同的"公益广告"的本质属性之一，仪式观和公益广告大赛关联度颇高。

大赛的组织形式视角

大赛是一个供参赛者公开参与、公平竞争的平台，其过程可简述如下：首先，由主办方"出题"，通过议程设置引导参赛者关注什么、思考什么；其次，参赛者亲身参与、以自己的公益广告作品回应大赛主题，提出信息传播的解决方案；最后，主办方通过一定的评审规则遴选优秀作品，并通过表彰和奖励获奖作品的方式向社会输出优秀作品的标准和对未来公益广告发展方向的判断。更为重要的是，大赛在组织形式上还极其注重仪式感的营造，固定的环节、程式化流程都是大赛的基本特征，参与整个比赛犹如参与了一个公益文化共享的仪式。这与追求效果的传播传递观是格格不入的，而与侧重意义共享、侧重在时间上的维系、侧重参与和文化传承等的"仪式观"的基本观点高度契合。

公益广告的内容视角

2016年3月1日开始施行的《公益广告促进和管理暂行办法》中明确了公益广告是指传播社会主义核心价值观，倡导良好道德风尚，促进公民文明素质和社会文明程度提高，维护国家和社会公共利益的非营利性广告。这里面提到的社会主义核心价值观、道德风尚、社会文明、国家和社会公共利益等内容，都紧密地与意义共享、情感认同、社会维系等相关，可协调人与人、人与社会、人与自然的关系，属于促进人类社会健康发展的精神力量。举办公益广告大赛本身就是在宣扬公益文化，是对于公益理念的一种肯定态度的表达。引入仪式观来审视公益广告的内涵是怎么在大赛过程中表征出来的，能更系统、全面地理解公益广告大赛这样一种传播活动的本质。

2）公益广告大赛主要的传播特性

公益广告大赛是主办方搭建的一个征集、评选、表彰和奖励优秀公益广告作品的平台，虽然也会以文字、声音、图像等为媒介发布大赛主题内容，并覆盖一定空间范围内的人群，但是从仪式观来看该活动更为主要的、独具特色的传播形式还是历时较长的一系列看似程式化的竞赛流程。公益广告大赛的传播功能是在组织和参赛的过程中完成的，其传播特性主要表现在开放性参与、历时性赛程和仪式性呈现三个方面。

开放性参与

公益广告的内容具有极强的公共性，与每一个人息息相关，具有一般商业广告无法比拟的普遍性，这是公益广告大赛开放式参与的基本前提。公益广告的开放性参与体现在多个方面：首先，公益广告大赛参与方多元。各级地方政府、相关行业组织 / 协会、企业、广告机构、媒体、大专院校等都积极参与到公益广告大赛的组织和征集之中。单就政府机构而言，各地宣传部、精神文明建设办公室、市场监督管理局、绿化和市容管理局等多个部门都是公益广告大赛的直接参与方，公益广告开放性参与度之高可见一斑。其次，参赛者的异质性。广告 / 设计机构、广告人 / 设计师、在校大中学生，甚至是普通的市民和爱好者，这些专业和非专业的人员 / 机构都是公益广告大赛不可或缺的参赛者，而且参赛者年龄跨度大、从事职业广、受教育程度各异。最后，参与方式的多样性。参与主办、承办或是协办，参与创作，参与评审，参加颁奖，参观展览等等。新媒体双向互动的特性对于公益广告大赛的开放性参与也起到了推波助澜的作用，参与大赛变得越来越便捷和高效，对于普通民众也越来越友好。即使是大赛中专业程度最高的评审环节，也有大赛尝试增设了大众线上投票环节，将开放性参与展现得淋漓尽致。

历时性赛程

"仪式观视野里的传播发生于时间中，历经时间而发生 [1]"，这是对现代传媒技术催生出来的过度膨胀的"空间偏向"的一种有益修正和补充。公益广告大赛是历时性的，由一系列的赛程组成，如启动、宣讲、评审、颁奖，部分大赛还会有不同形式的展览和出版等，通常历时几个月到一两年不等。

[1] 刘建明．"传播的仪式观"的理论突破、局限和启示 [J]．湖北大学学报（哲学社会科学版），2017,44(2):115-121+161．

对于参赛者而言，也绝不是一次性接收公益信息的过程，而是参与了一段时间旅程，包含了解大赛主题和投稿要求，构思创作，投稿，查阅参赛结果等一系列行为，获奖者还可参加颁奖环节。因此，相比于信息在空间中的扩散，具有过程性、历时性的"时间偏向"传播特性在公益广告大赛中表现得格外突出。正是在众多的组织方和参与方共同遵守的一系列赛程、时间节点中，公益主题得以一次次进入人们的视野，反复确认、宣扬，逐渐达成更多的共识，促进社会秩序的维系，实现了公益广告大赛的社会功能。

仪式性呈现

公益广告大赛是极具仪式性的表意行为，大赛仪式性环节也是大赛中显示度最高、最为社会关注的内容。对于主办方而言，仪式是对于参赛者的尊重和褒奖，是提高大赛显示度、广邀各方参与和彰显活动意义的基本形式；对于参赛者而言，仪式就是一种巨大的荣誉，是大赛最具吸引力的部分之一。以颁奖仪式为例，主办方往往诚邀多方嘉宾和获奖者一起参与，并精心安排致辞、活动回顾、颁奖礼、发表获奖感言等略显俗套的程式化、形式化的流程，并充分利用舞美、灯光、着装、奖状、奖杯等仪式道具，强化颁奖活动的仪式感，将获奖作品、获奖者置于聚光灯下，供大家共同见证，并通过赋予神圣意义的方式褒奖其公益概念的突破和设计表现的创新。这种仪式性的呈现方式，为所有参与者提供了沉浸式的体验，强化了公益符号的互动和公益作品的共享，促进了观念的交流和社会共识的达成。

3）公益广告大赛的社会文化功能

著名的人类学家维克多·特纳认为"仪式具有缓解社会冲突和恢复社会秩序的功能 [1]"，而传播的仪式观则阐明了传播和仪式之间是一种类比关系，"从功能角度认为'传播像仪式一样' [2]"，强调传播除了效果研究以外的社会意义和文化功能。在传播的仪式观视域下，公益广告大赛的举办，就是在履行像仪式一样地传播公益理念，协调和维系社会秩序的功能。具体而言，公益广告大赛的社会文化功能可以包括建构传播的时空场域、激发参与者的

[1]李正元.人类学家维克多·特纳仪式理论的本土化路径 [J].西北民族大学学报（哲学社会科学版），2023(5)：69-80.

[2]戴长征，罗金玉.理论意图、内涵转换与语言限制——凯瑞"传播的仪式观"再审视 [J].新闻界，2021(9).26-33.

具身体验和凝结公益的意义内涵三个方面。

建构传播的时空场域

公益广告大赛的首要社会文化功能就是为异质的参与主体构建一个共同的时空场域，让大赛各参与方从自己日常生活琐事、功利的世俗生活和社会关系中抽离出来，并像参加一个神圣的仪式一样参与到大赛活动中来。因为这个空间性、历时性的时空场域的存在，使得纷繁芜杂又四处飘荡的社会议题得以聚焦、沉淀，也为分散的、多元的、异质的参与主体达成公共利益的共识和实现价值观念的同步创造了必要的外部条件。

公益广告大赛对于传播场域的建构由以下两个方面组成：①时间创设。一方面，公益广告大赛总是有着不同的赛程设置，规定了大赛各个环节的时间节点供各方共同遵守；另一方面，大赛的议程设置、主题设定也常涵盖一些重要的时政理念、热点事件、流行话题等，以回应当下国家需求和社会关切，此当属时间创设的另一形式。②空间创设。公益广告大赛的征集往往也划定参赛者范围、地域，厘定文化共享的行政区域，强化参赛者的区域归属感。面向全国征集的公益广告大赛固然更能获得全国人民共同参与的情感共鸣和意义共享，然而地域性的大赛所征集到的一些"在地性"公益广告作品比全国"通稿式"的公益广告作品更能触及社会肌理的深处，针对性更强，更能切中民众的基本诉求。总之，公益广告大赛或结合国家发展战略，或服务于地方经济文化发展，搭建了大小不同的共享文化平台，不同的公益理念共享的时空场域，虽定位不同却都有自身独特的价值。

激发参与者的具身体验

激发大赛各参与方尤其是参赛者的具身体验，是公益广告大赛另一个独具特色的社会功能。为了追求信息在空间上的更大范围的传递，大众传播不断突破人类身体的局限性，并逐步将受众视为信息接收的"机器"——没有身体的意识理性人，从而导致了单一的单向行动和线性传播，在信息严重过剩、注意力粉尘化的当下，其传播效果每况愈下。与之相反，传播的仪式观则提倡"传播是人类文化的参与、创造、共享活动[1]"，这与所有公益广告大赛的组织者所希冀的广大参赛者参与创作、参与投稿、参与分享的目标高度一致，大赛核心的评审环节也是评委们参与并共享价值判断和文化主张的结果，这些都是仪式观视角下的传播活动。

公益广告大赛的参赛者并不仅仅是被动地接收公益信息，而是主动调动身体上视觉、听觉、触觉、位置感知、空间感知等多感官的参与、体验。从听说大赛到上网浏览大赛征稿信息，到手眼脑并用创作公益广告作品，到提交作品，再到参加颁奖或者参观展览等活动都是实实在在的具身性实践活动，不仅消除了普通公益信息传递过程中受众"事不关己、高高挂起"的漠然态度，而且使参赛者能够自主思考、创作个性化的公益广告作品来表达公益理念，并通过大赛平台向社会分享自己的广告作品，实现与外界互动、交流。正是在参赛者的这一系列主动沉浸之中，尤其是在严肃的、正式的颁奖仪式中，公益广告大赛营造了强烈的"在场感"，激发参与者激烈的情感反应，在共时、共情中厚植了社会主义核心价值观，潜移默化地加深了大众对于公共道德、公共利益的认识，弥合了日益碎片化的社会认同，逐步形成了对公益理念的共识，凝聚和整合了社会观念。

凝结公益的意义内涵

公益广告大赛的核心功能在于推动社会主义核心价值观、公共利益、公共道德方面的共识的达成，凝结公益的意义内涵。传播的仪式观认为传播是"对事物意义进行描述、交谈、共享和共识，增强凝聚力，达到共建人类信仰与家国社会目的的活动[2]"，公益广告大赛凝结意义内涵的功能不体现在信息在空间传播上的有效性，信息的覆盖率、到达率，信息的刺激，文本的吸引力等方面，而是根植于大赛追求社会效应的整个活动过程之中，是在大赛促成的人与社会的互动中。意义内涵与大赛过程是共生、共变的。

具体而言，大赛发挥的凝结意义内涵功能有如下的一些形式：首先，公益广告大赛即使没有传递任何具体的公益内容，其举办本身就是对于公共利益、对于利他性价值观的"描述和强化"，是对于公益文化的宣扬和召唤。

[1] 刘建明."传播的仪式观"的理论突破、局限和启示[J].湖北大学学报（哲学社会科学版),2017,44(2):115-121+161.

[2] 王民悦."传播的仪式观"对建构新闻学的启示[J].青年记者,2020(16):48-49.

[1]詹姆斯·凯瑞.作为文化的传播:"媒介与社会"论文集(修订版)[M].丁未,译.北京:中国人民大学出版社,2019:18.

其次，公益广告大赛像"一种以团体或者共同的身份把人们召集在一起的神圣典礼[1]"，其精心策划、构建了临时性的社会共同体，并赋予他们一个共同的身份——参赛者，这成为联结众多零散参赛者的纽带。参赛者在相互影响之中，强化了公益理念和社会认同。再次，大赛的评审和颁奖活动通过正式、庄重的方式对优秀公益广告作品进行褒扬，是大赛聚合效应的体现，能够激发大众的崇敬之情、膜拜之感，是大赛面向社会输出的公益广告作品的标准。而强化仪式感，是凝结公益的意义内涵的有效方式，也是大赛组织的规范化、专业化发展的重要体现。最后，对于获奖作品不同形式的社会展示，触达了更多的受众，能激发更为广泛的意义共享、社会协商，有利于统一价值观、增进社会共识，实现穿越时空的文化传承和社会文明程度的提高。

4）小结

从传播的仪式观看来，大赛的功能不在于公益信息在空间上的播撒，而在于时间上的社会维系，这对于宣扬社会主义核心价值观、社会公共道德和社会公共利益的公益广告而言是不可或缺的、有效的传播方式，具有开放性参与、历时性赛程、仪式性呈现等传播特性。公益广告大赛具有维系社会、表征公益理念、增强社会凝聚力等功能，具体而言可以概括为建构传播的时空场域、激发参与者的具身体验、凝结公益的意义内涵这三个方面。随着元宇宙概念盛行和虚拟现实技术的迅猛发展，未来的时空建构、体验形式、仪式呈现也必将迎来更多的可能性，公益广告大赛社会功能的实现也将越来越便捷和丰富多样。同时我们也应该认识到，一味重视大赛仪式感而忽视公益理念的注入也是有失公允的，应着力避免传播的形式主义倾向，促进公益广告大赛健康、可持续性发展。

图 4-2 食品安全 / 东道品牌创意集团设计

4.2 外求型创意传播

1）" 东道杯 " 国际大学生创意大赛

活动背景

同济大学是国内高校中较早开设广告学专业的高校之一，2015 年恰逢同济大学广告学专业创立 20 周年。然而其广告学专业发展得并不顺利，长期以来广告学与市场营销等近亲专业一起开设在经济与管理学院，后又划拨到一级学科新闻传播学下，这就注定了其边缘化、不被重视、命运多舛，即使是在校内也往往处于沉寂无声的状态。在这样一个特殊的时间点，广告学专业的师生有了办一次大型产学交流活动的想法。在中国高等教育学会广告教育专业委员会和国家广告研究院的大力支持下，同济大学联合东道品牌创意集团、中国广告博物馆承办了 " 东道杯 " 国际大学生创意大赛。

塑造沟通元

2015 年，世博会成为非常重要的社会关注点，其首次以食物为主题，将食物带入人们的视野之中，在展示食物的同时引导大众关注全球的食品安全。

背景信息：

2014 年 10 月 22 日，米兰世博会在北京路演；

2015 年 3 月 18 日，上海世博会与米兰世博会组织者签署合作备忘录；

2015 年 3 月 31 日，米兰世博会中国馆方案新闻发布会举办；

2015 年 4 月 19 日，米兰世博会 "丝绸之路馆" 签约授牌；

2015 年 4 月 28 日，《米兰宪章》亮相；

2015 年 5 月 1 日，米兰世博会开幕；

2015 年 6 月 8 日，米兰世博会举行中国国家馆日活动；

2015 年 10 月 16 日，世界粮食日，联合国秘书长潘基文参观世博会；

2015 年 10 月 31 日，米兰世博会闭幕。

图 4-3 米兰世博会的吉祥物为 Foody（由多种水果蔬菜聚集而成，迎合 "滋养地球，为生命加油" 的主题）

2015 年，"世博会""食品安全"就是最为重要的社会热点。2010 年，上海世博邀请 240 多个国家和国际组织参展，7000 万人次的海内外游客前来参观……上海世博会在创造了世博会历史上多项纪录的同时，也把世博会深深植入中国人民心中。以至于 5 年后，米兰世博会与世界人民见面，并先后在北京、长沙、福州、广州、重庆、郑州、济南、上海等地举办路演，又在全国掀起了一波关于世博会话题的热潮。此次世博会以食物为主题，谋求加强食品保障、食品安全和促进人类健康的国际合作，并谋求于 2050 年为全球多达 90 亿人口解决食物需要。食品安全问题（food safety）与食品防御安全问题（food security）在世博年得到前所未有的关注，成为世界的中心议题，这也与世博会倡导的国际交流合作精神不谋而合。此外，以"希望的田野，生命的源泉"为主题的中国馆也展现了国内有关食品安全保障和资源有效利用的领先技术及理念，以及我们对于自然、粮食、饮食等的看法，呼应了本届世博会"滋养地球，生命能源"的主题，并经常出现在国内各大媒体的报道上。外观如希望田野上的"麦浪"的中国馆，也一时风光无二，成为人们津津乐道的话题。

经过以上社会关注点的分析，"世博会""食品安全""国际交流"就成为 2015 年的三个最重要的关键词。虽然围绕着广告的核心词"创意"为一个专业举办成立 20 周年的纪念性活动有着多样的选择，但是在 2015 年最容易引起关注、传播效果最好的热点话题毫无疑问就是"食品安全"，如果能够邀请国内外设计师生一起参与将更加彰显几个关键词的紧密联系。因此，要降低活动传播的成本，在同样的人力、物力投入的情况下最大限度地提高活动的影响力，那么借力打力，以"食品安全"这一核心关注点来塑造外求型沟通元自然成为必然的选择。同时，考虑高校自身属性及东道品牌创意集团资助等因素，在短促的活动策划之后，"'食之安·人之续'2015东道杯国际大学生创意大赛"这一融合了国际热点的活动名称就很快浮现出来了。该活动可以用以下公式加以表述：**沟通元＝食品安全＋国际创意（广告）大赛**，很好地将"食品安全""国际交流"与广告学专业建立起关联，这也成为此次活动成功举办的关键因素之一。

图 4-4 黄伟先生宣讲会后与师生合影

活动流程

图 4-5 解建军先生来同济大学宣讲，演讲主题为"信仰专业的力量"

  本次创意大赛于 2015 年 4 月 25 日正式启动，同一天在"设计在线"发布中英文征集函。为了更好地加深大学生对于"食品安全"主题的理解和提升其创意水平，组委会邀请到多位业内大咖与学生们零距离对话，在同济大学四平路校区中法中心通过两次宣讲会来共同探讨食品安全和创意法门。第一场宣讲会于 2015 年 4 月 25 日开讲，邀请到了熊超先生（时任上海奥美创意群总监、戛纳国际创意节设计类金狮奖得主）和郑邦谦先生（动向社设计总监，独立设计师及策展人，纽约艺术指导俱乐部成员）；第二场大赛宣讲会于 2015 年 5 月 17 日邀请到了解建军先生（东道品牌创意集团创始人、董事长，德国国家设计奖评委，中国高等教育学会设计教育专业委员会副秘书长）和黄伟先生（时任汉唐国际创意群总监，曾是美国纽约广告节评委，英国 D&AD 黄铅笔奖得主）。时任同济大学艺术与传媒学院院长董华教授出席两场宣讲会并致欢迎辞。

  5 月 17 日，本次大赛线下评审工作于同济大学中法中心白厅顺利举行。国际平面设计师协会中国区主席、时任中央美术学院设计学院院长王敏教授，东道品牌创意集团董事长解建军先生，教育部高等学校设计学类教学指导委员会副主任委员、同济大学林家阳教授，中央美术学院设计学院肖勇教授，

图 4-6 网络评审页面截图

图 4-7 金定海老师与同济师生合影

图 4-8 线下评委合影

图 4-9 评委们讨论中

图 4-10 吴志强副校长致辞　　图 4-11 丁俊杰理事长致辞

　　中国广告协会学术委员会主任、上海师范大学金定海教授和上海市广告协会副秘书长倪崌先生出席了本次线下评审活动。清华大学美术学院何洁教授、首都师范大学李中扬教授、德国达姆施塔特应用技术大学朱斯特 · 泰纳特教授、美国的史丹芬妮 · 穆巴拉克先生也参加了本次大赛线上评审部分。大赛组委会综合线上、线下评审结果，最终确定了获奖作品。

　　7月3日，"东道杯"国际大学生创意大赛获奖作品巡展在上海国际设计中心正式拉开序幕。同济大学宣传部吴为民部长，同济大学艺术与传媒学院董华院长，东道品牌创意集团上海分公司总经理何西女士等致开幕词，同济大学艺术与传媒学院覃文忠书记及学院师生代表一起出席了本次活动。首展之后，大赛评选出的大学生优秀作品先后赴意大利米兰世博会的中国馆、米兰市政厅、台湾世新大学等地展出，反响热烈。

　　7月6日，"东道杯"国际大学生创意大赛颁奖典礼在同济大学逸夫楼举行，同济大学副校长吴志强教授出席并致欢迎词。中国高等教育学会广告教育专业委员会理事长、国家广告研究院院长、中国传媒大学学术委员会副主任丁俊杰教授代表主办方致辞，同济大学林家阳教授作为评委代表点评获奖作品，东道品牌创意集团董事长解建军先生等嘉宾参与颁奖。部分获奖师生代表、同济大学艺术与传媒学院覃文忠书记及同济师生近200人参与了此次颁奖典礼。

图 4-12 同济大学艺术与传媒学院院长董华在展览开幕式上致辞（上海国际设计中心站）

图 4-13 上海国际设计中心大楼

图 4-14 师生观展中

图 4-15 同济大学艺术与传媒学院覃文忠书记观展中

图 4-16 意大利米兰市政厅

图 4-17 米兰市政厅内的展览

活动成效

本次大赛于 4 月 25 日正式启动，经过小范围、短时间的动员，在 5 月 15 日截稿，在短短 19 天零 6 小时的征集时间内，大赛组委会收到了来自意大利、德国、斯洛伐克、韩国、中国等国家的 1423 份作品，体现了海内外青年学子对食品安全和人类可持续发展的高度关注，展现出了青年学子充满创意的独立思考能力和高超的设计能力。在时间如此仓促的条件下，第一次组织举办此类活动，却能够收到这样的成效，融合了"食品安全"这一当年世界热点的"食之安·人之续"主题的选择功不可没。大赛优秀作品在上海国际设计中心和台湾世新大学展出，还因大赛主题与米兰世博会的高契合度，在东道品牌创意集团解建军先生的努力之下，大赛优秀创意作品得以赴米兰世博会中国馆和米兰市政厅展出，真正将"国际化"落到了实处。丁俊杰教授高度评价了本次大赛的举办单位和执行团队，他坦言，对于一个刚起步的创意赛事而言，能以如此精简的人力、物力成本达到如此的国际性规模实属不易。王敏教授表示："同济大学此次成功举行的创意大赛，为全世界大学生提供了一个非常好的创意交流平台。这对于学校专业建设具有极大的推进作用。希望同济能将此比赛发展为学校特色品牌，推动中国乃至世界的教育发展。"

在作品质量方面，董华院长表示本次大赛虽征集时间较短，但是所收集到的作品数量与质量与同类型比赛相比还是令人满意的。评审中诸位评委都顺利地挑选到了自己心仪的作品，授予"评委特别奖"，并一致认为当下的创意与设计不仅要基于社会的洞察，而且要具有国际视野与国际品质；同济大学此次比赛的成功举办，让中国学生的创意作品走向了世界，让世界一睹中国大学生的风采。而对于同济而言，此次活动不仅拓宽了同学们的专业视野，加强了与学界、业界的联系，而且是一次成功的向广告学专业成立 20 周年献礼的活动。

图 4-18 米兰世博会中国馆

图 4-19 优秀作品在中国馆外展出

图 4-20 展出中的优秀作品

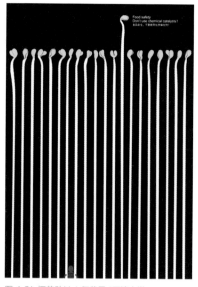

图 4-21 揠苗助长 / 何荣星 / 同济大学

图 4-22 消逝 / 张旋 / 徐州工程学院

图 4-23 DNA / 陈冰冰 / 吉林动画学院

图 4-24 舌尖上的死亡 / 陈小丽 / 广东科技职业技术学院

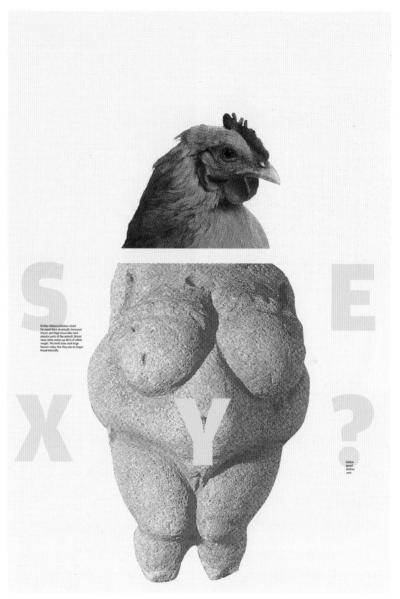

图 4-25 THE HIDDEN COSTS OF CHICKEN / ZUZANA LIPTAKOVA / HOCHSCHULE MUNCHEN

图 4-26 食品安全 / 何荣星 / 同济大学

图 4-27 不要让粮食悄悄消失 / 李冰冰 / 哈尔滨师范学院

图 4-28 隐藏的危机 / 张强 / 西安美术学院

图 4-29 食生或食亡 / 白阳 / 北京联合大学

Don't let food to be a killer

Don't let food to be a killer

图 4-30 Food kills（系列）/ 付博文 / 西南交通大学

图 4-31 重拾阅读心 / 宋沛阳 / 同济大学 / 教学指导作品

2）上海大学生公益广告大赛

活动背景

[1] 郭为禄 . 以综合改革的思路创新人才培养模式：教育综合改革国家试点框架下的上海实践 [J]. 中国大学教学 ,2018(7):4-10.

为学习宣传贯彻党的十八大精神和习近平总书记关于中国梦系列重要讲话精神（2012 年），推进社会主义核心价值体系建设，以及具体落实中央七部委《关于深入开展"讲文明树新风"公益广告宣传的意见》（2013 年），上海更是在 2014 年在全国率先实施"课程思政"改革，"践行'各类课程与思想政治理论课同向同行，形成协同效应'的实现渠道"[1]。中共上海市委宣传部、上海市精神文明建设委员会办公室、中共上海市教育卫生工作委员会和上海市教育委员会共同主办了"上海市大学生公益广告大赛"。中共上海市教育卫生工作委员会宣传处曾多次在同济大学召开大赛座谈会，希望以公益广告大赛为契机，引导上海高校将价值引领寓于知识传授和能力培养之中，开展广泛的"课程思政"育人实践。该大赛从 2015 年至今都由同济大学牵头来承办，成为推进社会主义核心价值体系建设，以公益心承载中国梦，发挥公益广告传播校园先进文化、传递正能量，引领文明风尚和高校开展"课程思政"的重要举措。2020 年大赛正式更名为"上海大学生公益广告大赛"（以下统称上海大学生公益广告大赛），开始面向全国大学生征集公益广告作品。

塑造沟通元

外求型沟通元的塑造是从社会热点的监测、分析入手的，上海大学生公益广告大赛的创立与当时"微公益"概念的缘起与迅猛发展息息相关，甚至可以说是基于这一社会热点生长起来的：

背景信息：

2007 年，联合国世界粮食计划署 (WFP) 创办的网站 FreeRice 上线；
　　　（为帮助徘徊在生死边缘的饥民提供了便利）

2009 年，余志海在网上发起"多背一公斤"活动，第一次提出"微公益"概念；
　　　（把文具或书籍等带给沿途贫困落后地区的学校或孩子）

2010 年，《公益时报》盘点了全年十大公益关键词，提出所谓"微公益"，就是从微不足道的公益事件着手，强调积少成多；

2011 年，微公益的元年，邓飞发起的"免费午餐"官方微博上线；

（致力于帮助中国儿童免于饥饿，健康成长）

2012 年，新浪微公益平台正式上线，为微公益提供中间服务；

2013 年，新浪微博认证的公益机构已超过 1200 家；

2013 年，"微公益 · 梦启航"上海市大学生公益广告大赛开始举办，标志着微公益系列公益广告大赛拉开序幕。

　　这里谈论的"微公益"是作为一种由来已久的社会现象，即"从微不足道的公益事件入手，强调由少聚多的公益行为[1]"。于学生而言，公益广告创作应尽量避免空洞的、宏大叙事的主题，或为了创意而创意，而应该从自己的真实生活情境入手，有感而发，这样的"草根化"作品反而更容易获得大众的共鸣，更有感染力和传播力。上海大学生公益广告大赛诞生在"微公益"概念诞生和快速发展时期，除了人们对于新事物、新平台的争相追逐之外，更有"郭美美事件"的反向助力，使得草根的、自下而上的、即时性的"微公益"成为全民普遍关注的话题。2013 年 4 月芦山地震发生两天内，新浪微公益平台捐款金额超过 1 亿元，足见其关注度之广和参与度之高。"微公益"开启了平民公益新时代，作为时代骄子的大学生理应跟上时代潮流，因此，上海大学生公益广告大赛的沟通元模式便形成了，即**沟通元 = 微公益 + 广告大赛**。

　　2013 年以来，上海大学生公益广告大赛一以贯之地倡导"微公益"，分别以"微公益 · 梦启航""微公益·我乐行""微公益·道之心""微公益·恰以礼""微公益·新征程""微公益·创时代""微公益·育新人"等为主题面向大学生群体征集公益广告作品，引导大学生从身边微不足道的小事着手，以小见大、贴近社会，在创作公益广告的过程中厚植崇德向善的公益情怀，培养当代大学生敏锐的观察力和创新实践能力。

[1] 吴红，杨昌春. 微公益与大学生利他教育融合机制探析[J]. 贵州民族大学学报（哲学社会科学版），2014(3):104-107.

上海大学生
公益广告大赛
PSA Contest
of Shanghai College Students

图 4-32 上海大学生公益
广告大赛徽标

图 4-33 夏纳国际创
意节金狮奖获得者熊
超先生在同济大学给
师生做讲座（同济大
学衷和楼，2018 年）

图 4-34 "微公益·我
乐行"上海市大学生
公益广告大赛评审现
场（同济大学中法中
心，2015 年）

图 4-35 上海设计师
俱乐部发起人阮红杰
先生在创意训练营上
辅导大学生完善作品
（上海教育报刊总
社，2021 年）

图 4-36 大赛颁奖典
礼现场（同济大学建
筑设计研究院，2017
年）

图 4-37 大赛优秀视频作品
在东方明珠移动电视展播
（2023 年）

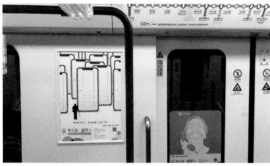

图 4-38 大赛优秀平面作品在
地铁 10 号线 "公益广告专列"
车厢内展出（2023 年）

图 4-39 大赛优秀作品在复旦
大学展出（复宣酒店一楼，
2021 年）

图 4-40 大赛优秀作品在上海
交通大学展出（程及美术馆，
2022 年）

图 4-41 金定海教授在上海教育电视台点评获奖作品

活动流程

一般大赛的流程大致相同：发布——宣讲——评奖——颁奖。颁奖完，媒体报道一波，热闹一阵，活动也就结束了，其对于学生成长过程的关注是有限的；也有部分竞赛活动会采用巡回展览和出版作品集的形式，基本上局限于校园内或专业场馆之中，其传播受众与参赛对象基本重合，更像是高校或者圈内人的自娱自乐，或是竞赛活动自身的传播，我们不妨称之为"以活动为中心"的竞赛活动。

上海大学生公益广告大赛则与之截然不同，围绕着大学生的学习，大赛特意增加了"创意训练营""社会展示"两个重要环节，形成了长链条的活动样式：启动——宣讲——初评——训练营——终评——高校巡展——社会展示——书籍出版，活动内容密集，贯穿整个自然年。在"训练营"环节，主办方邀请行业内具有丰富实践经验的专家，不仅帮助同学们了解新鲜的行业资讯和创意理念，而且以师傅带徒弟的模式辅导同学修改作品，手把手传授经验，不断精进学生的创意思维和设计水平，提高作品完成度。在"社会展示"环节，不停留在作品高校巡展或者新闻媒体对于活动和作品的报道上，而是将大学生的优秀作品直接投放到主流的广告媒体平台：如将同学们的优秀平面公益广告作品在上海地铁 9、10、15 号线上开通的"公益广告专列"上展示，每日人群覆盖都以数十万计数；如将同学们的优秀视频公益广告作品在东方明珠移动电视近 7 万个移动终端上滚动播出，覆盖上海所有的公交车、出租车、地铁、水上巴士和部分办公楼宇等；如将同学们的优秀公益广告作品在分布于上海各地的 100 个公交站牌上展示等。在"书籍出版"环节，做到了每两年出版一本合集，大赛组委会已相继在同济大学出版社出版了三本大赛优秀作品集，免费赠送给广大师生，这些作品集成为高校相关课程的教学参考用书，对于拓宽师生视野、学习设计技巧都起到了良好的作用，也为后继的参赛者提供了指导。

活动成效

上海大学生公益 广告大赛一以贯之地倡导"微公益"，一方面在大赛

图 4-42 上海教育电视台播出大赛专题节目，上海市教育发展基金会黄荣华理事长与青年学子畅谈公益（2021 年）

图 4-43 央视春晚公益广告主创莫康孙来同济大学做大赛宣讲（2016 年）

图 4-44 大赛组委会在同济大学出版社共出版大赛优秀作品集三册（2015—2022 年）

图 4-45《中国广告》杂志集中展示大赛优秀作品（2021 年）

图 4-46《新民晚报》对大赛进行了专题报道（2015 年）

图 4-47 "学习强国"平台展播了大赛部分优秀视频作品（2023 年）

议程设置上尽量贴近大学生生活、反映时代关切、彰显时代精神；另一方面又保持了相当的开放性，每一位大学生都可以发起自己感兴趣的新议题，以作品的形式提交组委会。近年来"宣扬社会主义核心价值观""保护中华传统文化""践行上海'新七不'规范""防止沉溺手机""垃圾分类""节约粮食"等十分接地气的公益主题，获得了年轻学子们的积极回应，产生了一批创意与表现俱佳的作品。除此之外，大赛组委会在赛程设置、大赛机制、评价标准上展开了长时间的探索与实践。

首先，赛程设置以大学生的"学习"为中心。一切以学生的成长为中心、一切以利于学生的"学习"为中心成为大赛流程设置最重要的考量因素，如前文阐述过的"宣讲会""训练营""高校巡展""社会展示"等都是为了服务学生学习而展开的。比如征集期间的宣讲环节，每年引入 10 名左右的业界专家进入大学校园，分享业界新鲜资讯和设计理念，突破高校与业界的界线；高校巡展环节，历年优秀公益广告作品已经成功地在复旦大学、上海交通大学、同济大学等二十余所高校巡回展览，切实帮助同学们拓宽专业视野……实践证明，"公益广告大赛"切实提升了大学生的创新实践能力，同学们的公益广告作品质量逐年提高。这些作品在更高级别的公益广告竞赛活动中也屡获大奖，如在 2019 年人民日报社与教育部主办的全国大学生公益广告征集活动中获得一等奖，在 2020 年教育部思政司、中央网信办主办的全国大学生网络文化节公益广告征集活动中获得一等奖，在 2021 年北京国际公益广告大会创意征集大赛中获一等奖……上海大学生公益广告大赛在提升大学生创新实践能力的同时，也为国家公益事业的发展提供了源源不断的生力军。

其次，建立了"大赛动员学生，学生影响社会"的大赛机制。洞察身边事，践行"微公益"；育时代新人，领城市风尚。大学生参与公益广告的学习、创作，就是接受专业教育、树立公益理念，践行社会主义核心价值观的过程，而大学生优秀公益广告作品形式多样的社会展示，就是回归公益广告的意义共享和凝聚共识的功能，传播先进文化、输出正能量，营造全社会崇德向善的良好氛围。在此过程中大学生从"受教育者"转变为"教育者"，

图 4-48 上海地铁公益广告展示长廊（2021 年）

图 4-49 公益广告展示长廊揭幕仪式

图 4-50 上海高校师生参加揭幕仪式

陕西南路地铁站位于上海市徐汇区，为上海地铁 1 号线、上海地铁 10 号线、上海地铁 12 号线的换乘站，是最繁忙的地铁站之一。2020 年"上海大学生公益广告地铁展示长廊"在此处精彩亮相，展出了大学生创作的公益广告作品。上海市教卫工作党委副书记、市教委副主任李昕，同济大学党委副书记吴广明，上海市精神文明建设委员会办公室副主任蔡伟民，上海申通地铁集团党委副书记葛世平出席展示长廊揭牌仪式。

从"正能量的接收端"转变为"正能量的输出端"。"公益大赛"也因此实现了"大赛动员学生——学生影响社会"的公益新模式，取得了"自觉""觉人"的育人成果。

最后，坚持了"多元化"的评价标准。公益广告具有鲜明的"公共性"，社会公共利益是其诉求目标，这对创作者的公共立场和对于宏观社会语境的拿捏提出了更高的要求，创作者切不可拘泥于某一群体的意见，或执着于个人独特的想法。对于公益广告作品的评价，应体现专业性，但也不应是绝对的、单一维度的，因此坚持打开门来办大赛、引入多方评价机制是大赛一直以来极力推进的工作之一。打破高校与业界、广告与设计、广告与媒体之间的藩篱，建立一支由高校专业教师、著名广告人、设计师、媒体人组成的多元化评审队伍，是确保大赛多向度、多视角的评审标准的重要方式。高校方面既有丁俊杰、倪宁、金定海、严三九等广告类专家参加，也有林家阳、肖勇、李中扬等设计类专家加盟；业界方面则有莫康孙、熊超、孙二黑、杨烨炘、李丹等一批著名广告人层层把关；媒体方面有上海广播电视台东方广播中心、上海教育电视台、《中国广告》杂志社、设计在线等单位的资深代表参加。此外，作为大赛的参与方，上海市精神文明建设委员会办公室、上海市教育委员会、上海市教育发展基金会、上海市广告协会等单位的领导也多次参与了各类工作的指导。

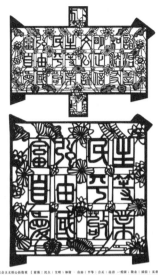

图 4-51 平语近人 / 杨昱成 / 上海杉达学院

图 4-52 剪纸中国 / 刘子辉 / 上海师范大学

图 4-53 生物博物馆 / 郭伟 / 广西艺术学院

图 4-54 没有买卖就没有杀害 / 韩荣勋 / 安徽工程大学

图 4-55 全球变暖 / 黄芷沁 / 上海杉达学院

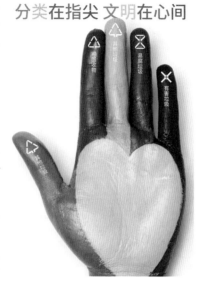

图 4-56 分类在指尖 文明在心间 / 杨金玲、何俊浩 / 浙江工商大学

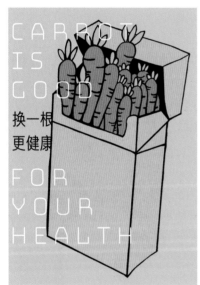

图 4-57 健康生活 / 朱蓁毅 / 上海师范大学

图 4-58 传承千万家 / 方静雯 / 东华大学

图 4-59 放下手机，多陪陪孩子 / 张思文 / 湖南工业大学

图 4-60 停止海洋污染 / 封琳 / 上海师范大学

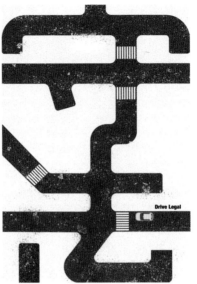

图 4-61 守法 / 金宇铭 / 上海交通大学

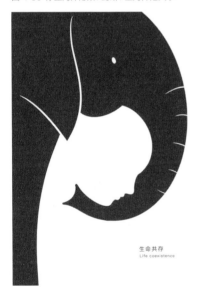

图 4-62 生命共存 / 郝子硕 / 辽宁科技大学

图 4-63 谁知盘中餐，粒粒皆辛苦 / 任新硕 / 湖北工业大学

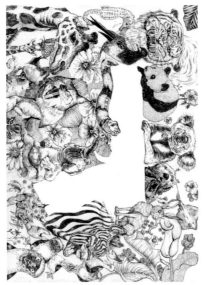

图 4-64 枪决 / 刘心雨 / 曲阜师范大学

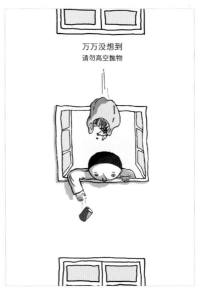

图 4-65 万万没想到 / 卢珊 / 上海理工大学

图 4-66 粒粒皆辛苦 / 王力铭 / 东华大学

图 4-67 拧干最后一滴水 / 李东旭 / 上海行健职业学院

图 4-68 请为它们留下更多的生存空间（视频截图）/吕逸飞/上海交通大学

图 4-69 绿色地球（视频截图）/付亚芹/上海工程技术大学

4.3 内生型创意传播

首届长三角公益广告征集大赛

活动背景

根据中宣部《关于迎接党的二十大胜利召开组织开展"强国复兴有我"群众性主题宣传教育活动的通知》要求，按照 2022 年上海市宣传思想文化工作会议部署，在中共上海市委宣传部、上海市精神文明建设委员会办公室、上海市市场监督管理局、上海市绿化和市容管理局、上海市长宁区人民政府、长三角生态绿色一体化发展示范区执委会的指导下，由长宁区新时代文明实践中心、中共长宁区委宣传部、中共长宁区委统战部、长宁区精神文明建设委员会办公室、长宁区市场监督管理局、长宁区绿化和市容管理局、上海东方宣传教育服务中心（上海市公益广告协调中心）共同主办，同济大学艺术与传媒学院公益广告研究中心、上海乐酷青年创意公益发展中心承办了首届长三角公益广告征集大赛。大赛旨在持续推进公民道德和社会风尚建设，进一步扩大公益广告社会传播力和影响力，为长三角高质量一体化发展，上海加快建设具有世界影响力的社会主义现代化国际大都市，长宁打造"四力四城"、加快建设国际精品城区助力，为党的二十大胜利召开营造良好氛围、提供精神动力。

塑造沟通元

为了提高本次活动的传播力，也为了扩大征集范围，吸引更多专业设计师、高校师生参与，本次征集大赛选取了"长三角一体化"这个较为热门的社会话题来展开谋划和开展后续活动——这也是在梳理了长三角一体化发展上升为国家战略的过程中得到的启示。

背景信息：

2003 年，长三角元年，长三角地区党政领导定期会晤机制达成共识；

2008 年，国务院发布了《关于进一步推进长江三角洲地区改革开放和经济社会发展的指导意见》；

图 4-70 首届长三角公益广告征集大赛海报 / 辛洁晔

"更一体化的长三角
更美好的长宁
首届长三角
公益广告
征集大赛
2022.7-2022.10

"强国复兴有我"
2022上海市公益广告大赛
（长宁赛区）

指导单位：
中共上海市委宣传部
上海市精神文明建设委员会办公室
上海市市场监督管理局
上海市绿化和市容管理局
上海市长宁区人民政府
长三角生态绿色一体化发展示范区执委会

主办单位：
长宁区新时代文明实践中心
中共长宁区委宣传部
中共长宁区委统战部
长宁区精神文明建设委员会办公室
长宁区市场监督管理局
长宁区绿化和市容管理局
上海东方宣传教育服务中心（上海市公益广告协调中心）

2010 年，国家发改委正式印发《长江三角洲地区区域规划》；

2016 年，国务院常务会议通过《长江三角洲城市群发展规划》；

2018 年，习近平总书记在首届中国国际进口博览会上宣布，支持长江三角洲区域一体化发展并上升为国家战略；

2019 年，中共中央、国务院发布《长江三角洲区域一体化发展规划纲要》；

2020 年，习近平总书记主持召开扎实推进长三角一体化发展座谈会

……

　　本次大赛为作为"2022 年上海市公益广告大赛"组成部分之一的长宁区赛，活动组织存在着诸多的困难，比如克服疫情带来的不确定性（启动仪式等线下环节被迫取消）、时间紧迫对作品征集工作的不利影响，又比如大赛级别不高怎么保证参赛者的积极性（参赛者倾向于参加国家级、省部级竞赛）等。要顺利完成大赛对于作品数量和质量的要求，达成征集目标，活动组织过程中的创意传播必不可少。在沟通元的塑造方面，本次活动围绕核心主题"更美好的长宁"展开，提出了"更一体化的长三角、更美好的长宁"的口号——这是将"长宁"作为基本出发点，融合了"长三角一体化"这一热门话题，以塑造成内生型沟通元。一方面，沟通元包含了主办城区"长宁"

图 4-71 安徽省策展人：史启新

图 4-72 江苏省策展人：莫军华

图 4-73 浙江省策展人：徐伟

图 4-74 上海市策展人：鲁普及

字样，彰显了长宁作为上海连接长三角交通枢纽重要门户的特点，体现了活动的相关性，也使得本次公益广告征集大赛区别于其他城市、城区主办的所有同类活动；另一方面，"长三角一体化"将此次征集大赛与长三角高质量一体化发展绑定在一起，成为设计师、广告人和高校师生参与活动、奉献自己的设计创作的深层文化动因，也成为此次活动的征集信息获得一些热心人士自发转发、分享背后意义的原因所在。

此外，"更一体化的长三角、更美好的长宁"口号还为本次大赛提供了很好的工作抓手和突破点。在活动前期策划阶段，除了有中共上海市委宣传部、上海市精神文明建设委员会办公室、上海市市场监督管理局、上海市绿化和市容管理局、上海市长宁区人民政府作为指导单位外，大赛组委会还专门邀请了长三角生态绿色一体化发展示范区执委会，真真切切将"长三角一

图 4-75 首届长三角公益海报
邀请展海报

图 4-76 首届长三角公益广告征集大赛评审现场

图 4-77 来福士钟楼旧影

来福士广场中庭的一栋钟楼和其旁边附属的一个礼拜堂，便是成立于1881年且在上海滩红极一时的上海圣玛丽亚女校。中国现代著名女作家张爱玲便是毕业于此。本次活动的展览便在礼拜堂内举行。

图片来源澎湃新闻
https://m.thepaper.cn/
baijiahao_20268709

图 4-78 来福士广场钟楼

图 4-79 作品展开幕式

图 4-80 观众参观中　　　　　　　图 4-81 作品展示中

体化"概念落到了实处，使得活动做到了师出有名。为了保证上海以外的安徽、江苏、浙江等长三角地区的专业人员的参与积极性，本次活动还增设了"首届长三角公益海报邀请展"，定向邀请三省一市的百余名设计师一起参与设计，其中不乏各地公益广告设计领域的意见领袖，这吸引了更多的设计师和高校师生参与此次活动。为了保证此项工作的顺利开展，主办方组建了6人的策展团队，其中就有5位策展人分别来自长三角地区：上海2人（鲁普及、辛洁暐），安徽（史启新）、江苏（莫军华）、浙江（徐伟）各1人，在做实长三角概念的同时，也使得"长三角一体化"在活动组织架构上得到了确立和强化。

活动流程

　　首届长三角公益广告征集大赛于2022年7月7日拉开帷幕，正式向社会公开征集公益广告作品。经过一个多月时间的征集工作（8月15日截稿），大赛初评活动于8月24日在长宁区新华社区文化活动中心展开。经过评审团9位专家（设计在线创办人赵勇智、复旦大学新闻学院广告学系主任李华强、同济大学艺术与传媒学院传播系主任王鑫、上海理工大学出版印刷与艺术设计学院副院长陶海峰、华东师范大学传播学院广告学系主任秦雪冰、上海师范大学广告学系主任吴冰冰、上海杉达学院艺术设计与传媒学院副院长万轩、上海师范大学美术学院饶正杉、上海乐酷青年创意公益发展中心理事长辛洁暐等）历时四小时的评审，共评选出入围作品151件（套）。

图 4-82 愚园路上的道旗

图 4-83 中山公园入口的大屏幕展示

首届长三角公益广告征集大赛正式启动

2022年07月07日10:24

　　7月7日，"强国复兴有我"——2022上海市公益广告大赛（长宁赛区）暨首届长三角公益广告征集大赛"正式拉开帷幕！

图 4-84 人民网报道赛事

9月29日，"首届长三角公益广告征集大赛"终评活动在虹桥艺术中心顺利举行。著名广告人、马马也创始人莫康孙、中共长宁区委宣传部副部长兼文明办主任周薇、上海设计之都促进中心理事长张展、同济大学艺术与传媒学院副院长王建民、上海天与空广告有限公司创始人兼董事长杨烨炘、上海广告研究院副院长倪嵋、东华大学 MFA 中心主任陈庆军等七位评委参加了此次评审活动。评审会主席莫康孙先生曾多次出任戛纳国际创意节、克里奥国际广告奖、纽约广告节、亚太广告节评委，为央视春晚公益广告《筷子篇》《回家篇》《新春·新愿》主创。评审会由同济大学公益广告研究中心主任鲁普及主持，评委们在入围作品中进一步遴选出金、银、铜作品。

11月11日，"首届长三角公益广告征集大赛优秀作品展暨长三角公益海报邀请展"开幕式在长宁来福士钟楼举行。中共长宁区委常委、宣传部部长潘国力，中共长宁区委常委、统战部部长王罗清，上海东方宣传教育服务中心（上海市公益广告协调中心）主任李刚，中共长宁区委统战部副部长葛菲，中共长宁区委宣传部常务副部长、区文明办主任周薇，同济大学艺术与传媒学院党委书记张艳丽等参加开幕式。大赛产生的 125 件／套优秀作品在长宁来福士钟楼集中向社会展示。

活动成效

本次大赛围绕"更一体化的长三角、更美好的长宁"主题开展了广泛、深入的社会动员，展现了在长三角一体化的国家战略指导下，以"城水共生、活力共襄、区域共享"理念谋划的长宁高质量发展成果。大赛不仅得到人民网、澎湃新闻、《新民晚报》、东方网、《文汇报》等多家主流媒体的关注和报道，而且充分利用长宁的重要城市节点、道路，甚至是社区内等各类广告阵地做了大量的活动预热，实现了线上线下的互动传播。

在一个多月的征集时间内，组委会共收到了有效投稿作品 3796 件／套，其中平面类 3367 件／套、视频类 353 件，公共艺术 76 件。参赛者或聚焦时代主题、彰显时代精神；或培根铸魂、凝聚向上向善力量；或聚焦民生、践行人民城市理念；或聚焦生态保护、提倡绿色发展；或号召节约粮食、杜绝餐饮浪费……充分展示了他们休戚与共的家国情怀、崇德向善的公益理念和创新创造的设计能力。在邀请展环节，有主要来自长三角的百余位一线设计师的 137 件 / 套公益海报受邀参加，作品创意纷呈、表现形式多样，表达了全国各地的优秀设计师们对于长三角经济社会发展的肯定与祝福，以及对于长三角高质量一体化发展的美好憧憬。更为重要的是，大赛中产生的部分作品获得了区政府宣传部门的正式采用，如崔怀阳设计的公益海报《勤俭节约系列之光盘行动》（见图 4-86）就作为长宁区精神文明建设委员会办公室的主题宣传海报之一，在长宁区城区、街区、公共空间等广泛宣传使用，传递勤俭节约、反对铺张浪费的文明正能量。

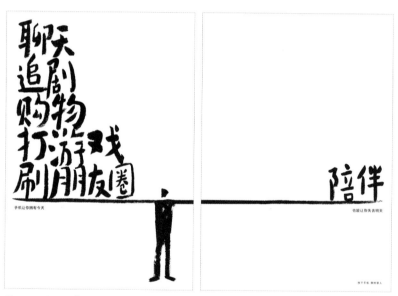

图 4-85 手机系列（今天 / 明天）/ 何军

图 4-86 勤俭节约系列之光盘行动 / 崔怀阳

图 4-87 汲取 / 周雅婷

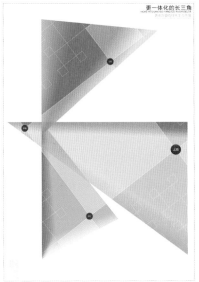

图 4-88 腾飞 / 陈约瑟

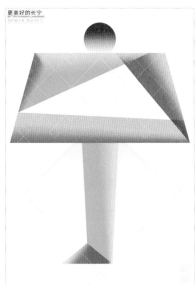

图 4-89 温暖 / 陈约瑟

光
盘
很
美

图 4-90 光盘很美 / 杨铭

图 4-91 长三角一体化 / 徐伟（浙江）

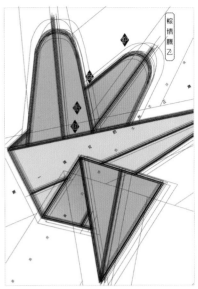

图 4-92 粽情腾飞 / 史启新（安徽）

图 4-93 有爱的长三角 / 冯思思（山东）

图 4-94 更一体化的长三角，更美好的长宁 / 宋嵩（北京）

图 4-95 大虹桥 / 程九军（北京）

图 4-96 海纳百川 大美长宁 / 王卫军（河北）

图 4-97 一体化 一个梦 / 范治鸣（福建）

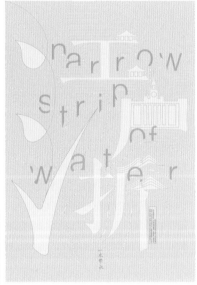

图 4-98 一衣带水 / 马良华（广东）

诗意·江南
小荷才露尖尖角
早有蜻蜓立上头
Lotus Just Buds,
stand on top of already dragonfly.

图 4-99 诗意·江南 / 石廷金（福建）

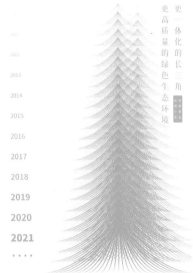

图 4-100 砺耕耘、枝繁叶茂 / 李承华（浙江）

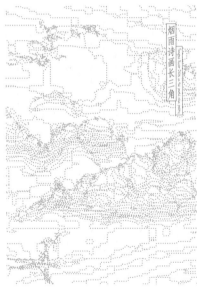

图 4-101 烟雨诗画长三角 / 曹阳（湖南）

图 4-102 和谐长三角 / 徐宝娟（江苏）

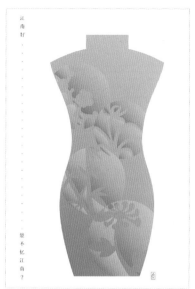

图 4-103 江南好 / 李海滔（上海）

图 4-104 情调江南 / 张大鲁（江苏）

图 4-105 长三角一体化 / 鲁普及（上海）

图 4-106 清秀江南 / 李志明（浙江）

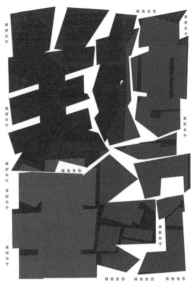

图 4-107 江南韵 / 饶正杉（上海）　　图 4-108 美好长宁 绿色生态 / 李振宇（江苏）

图 4-109 更一体化的长三角 / 李欣蔚、常思瑶（辽宁）　图 4-110 更一体化的长三角 / 甘森忠（福建）

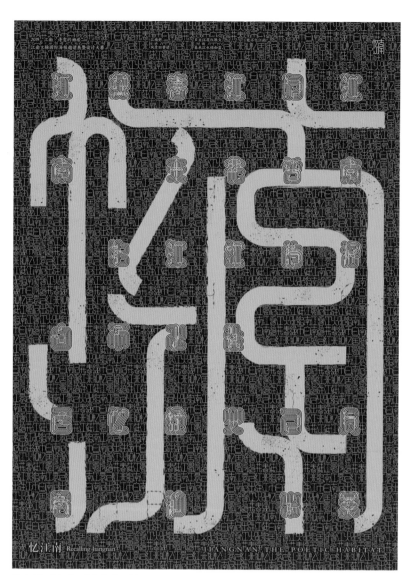

图 4-111 忆江南 / 要杨华（天津）

小结与反思

以上三个公益广告大赛的组织和承办，已经运用了一些创意传播的做法，尤其是在活动前期策划和组织中都考虑了外求型或内生型沟通元的塑造问题，这对大赛的顺利开展起到关键性作用。然而，在沟通元的投放与邀请生活者共创、进一步完善沟通元方面还有很大的改进空间。

导致不能完全依照创意传播模型进行的原因是多方面的，其中最核心的是活动主办机制上的原因，甚至包含我国公益广告发展与生俱来的困境，如组织架构、资源投入的限制等。在组织架构上，这三个大赛中有两个是由不同政府部门参与主办的，承办单位的自主权和灵活度不够。作为三个大赛的承办单位——高校，虽也肩负着社会服务的功能，但其核心职能并不是推动公益广告的发展或者实现公益广告的目标，很多工作要做深、做细面临不小的困难。在资源投入上，目前公益广告类活动的经费还主要是靠政府拨款，资金不仅不够支撑创意传播做到深入、细致，而且使用上有着诸多的限制，这些都导致大赛的组织往往都是戴着镣铐跳舞，更不要说完全按照创意传播的模式执行。伴随而来的便是人力的远远不够，要做到服务、引导好生活者，促成共享、共创、共变有相当的难度。举办公益广告大赛，发展公益广告事业，机制创新的探索势在必行！

无论如何，公益广告的创意传播依然是未来举办公益广告大赛，甚至是发展公益广告的方向之一，仍须不断转变传播思路，摆脱以播者为中心的宣传思维，逐渐回到以生活者为中心，通过创意完成沟通元的塑造和投放，然后激活生活者，丰富沟通元，最终实现传播的目标。

公益广告创意传播
Creative Communication
of Public Service
Advertising

同济大学的
公益广告实践

Practise of
Public Service Advertising
in Tongji University

日常教学

学术活动

上海公益广告展览馆

社会服务

图 5-1 大学生公益广告作品在同济大学四平路校区大屏幕展出

5.1 日常教学

1）公益广告纳入课堂教学的必然性

党的十八大报告首次提出把"立德树人"作为教育的根本任务，随后全国上下又大兴"课程思政"之风，公益广告顺势而上成为很多高校广告学专业开展课程思政的重要抓手，这些高校能够在传授学生专业知识的同时厚植崇德向善和乐于奉献的精神。近年来"公益广告"不仅成为同济广告学专业的发展特色之一，也成为全校推动"大思政课"建设的重要抓手。将公益广告纳入教学活动不仅可以抑制过分重视商业广告而导致的广告伦理、社会责任欠缺的广告发展趋势，也为广告教学提供了真实的课题来源，助力专业人才的培养。公益广告纳入大学课堂教学的必然性，是由公益广告自身特性所决定的，对于广告学专业教学而言，公益广告具有以下几点优势：

时效性弱

一般企业或者机构的广告都是针对某一款产品、某一项服务或者某一项促销活动而展开的，会因为品牌发展阶段、产品或服务升级或者瞬息万变的市场发展而不断变化，广告有很强的时效性。公益广告则不然，公共利益、公共道德虽然不是一成不变的，但也是相对恒定的，即使是与时俱进的时政理念，其相对商业活动来说也有更强的稳定性。这非常有利于高校教师较长时间地深入进行研究性的教学，引导学生了解广告创意、广告传播的基本规律。

主题友好

公益广告与每一个人都息息相关。相对而言，公益广告对于涉世不深的学生而言比较友好，对广告的切身体会可以帮助他们快速理解相关的专业知识，创作起来也容易做到有感而发，这比虚拟课题的无病呻吟更加有价值，对于学生创新实践能力的培养效果也更确切。在教学评价方面，高校师生本身就是公益广告的目标受众，可以较好地避免因脱离广告产生的具体语境而沦为形式判断、审美判断，这对于客观评价学生对专业知识的掌握情况无疑是大有裨益的。

资源丰富

公益广告的很多主题，如爱国、环境保护、尊老爱幼等几乎是永恒的创作主题，古今中外近百年的广告实践中可供借鉴的教学资料异常丰富。公益广告作品集、展览都非常多，海量的作品便于学生开展学习、借鉴、研究，方便学生在创作立意、思维方式、表现形式方面都站在前人肩膀之上，获得迅速的专业提升。此外，公益广告的国内外赛事也非常多，学生可以通过参赛来检阅教学和学习成果，并且奖项的获得是学生快速提升自信心、建立专业崇高感和提高学习动力的重要方式。

2）突破课堂空间限制的教学

当代的广告传播是去中心化、双向互动的。生活者在接收广告信息的同时，可以有点赞、评论、转发、二次创作等一系列行为产生，在这个互动过程中的突发性、个性化反馈及其应对方式理应成为数字媒体时代创意人应具有的基本素养和能力，而这显然是无法在课堂上模拟和教学的。若要培养符合国家和时代需求的创新实践人才，须让学生充分了解广告媒体环境，真切体会一件广告作品在现实社会环境之中的全部传播过程，学会从更为宏观的、全面的角度来认识自己的专业，这是更好地创作出具有传播力、生命力的作品，以及从事广告传播相关工作的基本前提。

就同济大学多年的教学实践而言，公益广告教学突破了课堂空间的限制，将人才培养渗透进了传播的全过程和公益广告活动的过程中。高校为大学生的广告作品提供了现成的应用场景，比如校园里广泛分布的广告栏、大屏幕，以及学校官网、官微等等。即使再小范围的展示，也能实现从"习作"到"作品"的转变，让学生的学习可以与真实的生活世界发生关系。这样不仅可以增加学习的意义，提升同学们投身公益广告创作的热情和激发学习兴趣，而且能够让学生了解到自己的作品怎么和环境、媒体、生活者之间发生互动关系，并在完整的广告活动中去理解广告的本质，掌握创意的真谛，甚至还可以在真实的环境中检视自己的作品，发现创意角度的偏颇和视觉表现上的偏执，这对于大学生创新实践能力的提升是大有帮助的。当然，将学生作品放到校外的社会媒体上展示会有更好的效果，同济大学借助承办各类大赛的便利在此方面也做了大量的探索与实践。与此同时，同济大学将创意放到传播过程（advertising）上，将活动组织和创意教学紧密联系在一起，广告学专业的很多学生都参与了部分的公益广告大赛、论坛、展览等活动的策划、组织和执行工作，如业界、学界专家讲座的组织，评比活动的组织，优秀作品集的编辑与出版，新闻稿件的撰写等。在活动过程中，学生们从不同侧面、不同维度、不同身份理解创意和公益广告，既提高了他们的专业认知水平，锻炼了综合能力，又在具体的工作中培养了自身吃苦耐劳和甘于奉献的精神。这些都是普通的课堂教学所不能达到的育人效果。

下文先是通过"基于情境学习理论的广告设计教学实践"详细阐述教学的过程，然后展示了近年来同济大学学生的一些作品，即展示在此种教学思路下取得的些许成绩。

3）基于情境学习理论的广告设计教学实践 [1]

广告设计本质上是一种提供劝服和信息传播解决方案的设计，是一种典型的难以进行量化的关于"知道怎么做"的经验类知识。因其具有极强的实践性，不仅需要具有较强的创意思维能力、熟练的广告设计技能，还需要有宽广的知识结构，并能够在不同媒体之间游刃有余，因此一直是高校教学的难点。情境学习理论认为"学习的实质是个体参与实践，与他人、环境等相互作用的过程 [2]"，这就要求在教学过程中尊重学生的学习规律，将教学的重心转到学生的"学"上来，让学生在与情境交互的过程中切实提高自己的实践能力。

课程目标

广告设计是高等院校广告学、视觉传达设计等专业必修的一门课程，其教学目标是训练学生的创意思维能力、设计表现与制作能力等。广告设计课程一般在高年级开设，这就决定了该课程有多门前置课程，其中既有各类理论性课程，也有诸如字体设计、图形设计、摄影、视频剪辑、市场调查等实

[1] 鲁普及．基于情境学习理论的广告设计教学实践 [J]．装饰，2020(11):79-81.

[2] 米伟哲，李泽辉，肖刚．基于情境学习理论的实践教学模式研究 [J]．实验科学与技术，2014,12(3):70-71+117.

践类课程，这也就决定了该课程具有综合性的特点。广告是"通过生产和发布有沟通力的内容，与生活者进行交流互动，意图使生活者发生认知、情感和行为改变的传播活动[1]"，广告设计的构思过程必然涉及时间、地点、行为、人物、信息、意义等诸多情境因素，只是最终落脚到广告的"文本媒介"，即视频、招贴、H5，抑或是一个艺术装置上而已。广告设计中的一切创意手法、形式手段、设计技巧的运用都应该放到传播活动的大背景中来进行，正如柳冠中先生所说的，"在'事'的关系脉络里去研究、发现、理解，才能创造出合情合理的'物'[2]"。然而，传统的广告设计课程因为学校教学条件的限制，过多地将教学内容聚焦于一些设计理论和孤立的广告设计作品上，是脱离媒介、抽离语境的，只见树木不见森林式的教学，因此频频受到用人单位的诟病，留下教学与实践脱节、学生实践操作能力不强的口实。"脱离真实情境，学习便无意义[3]"，广告设计教学中需要强调学生与真实情境的互动作用，在教学上进行一系列的内容和形式上的调整，才能真正确保教学目标的达成。

课程理念

广告设计课程引入情境学习理论，"让学生以情境为背景，在探索事件、认识问题、解决问题的过程中，自主地理解知识、建构意义，进而提高其创新能力[4]"。学生通过主动参与设计实践活动，与社会情境发生互动作用，从而由表及里、由浅及深地加深对于广告设计的理解，并在设计过程中积累自己的实践经验和提高设计能力。

情境学习理论强调"学习的社会性[5]"，认为人的高级思维能力的获得是在人与社会的互动过程中完成的。教学过程中建立的学生与社会的互动关系可以是直接的，也可以是间接的。直接的互动关系是学生与不同的人，如同学、教师甚至是业界专家组成"实践共同体[6]"，大家在设计实践中进行思维的碰撞，从而获得思维水平和行动能力的提升。间接的互动关系则是凭借广告设计作品这一文本媒介来完成的，即通过广告设计作品的发布并获得社会的反馈来实现的，这是一种更为高效的、更为广泛的与社会情境互动的方式。

[1] 陈刚，潘洪亮．重新定义广告：数字传播时代的广告定义研究[J]．新闻与写作，2016(4):24-29．

[2] 柳冠中．事理学论纲：概述[J]．设计，2013(9):114-115．

[3] 应方淦，高志敏．情境学习理论视野中的成人学习[J]．开放教育研究，2007(3):10-13．

[4] 武淑清，吴淑花．当代主要教学模式简介[J]．教育理论与实践，2010(5):44-45．

[5] 叶海智，丁楠．关于情境学习理论与PBL的关系的思考[J]．教育探索，2007(11):118-119．

[6] 张振新，吴庆麟．情境学习理论研究综述[J]．心理科学，2005(1):125-127．

[1] 王薇.指向问题解决能力发展的学习活动模型研究：基于情境学习理论的分析框架[J].教育学术月刊,2020(6):88-95.

课程设计与实施

广告设计教学所依赖的情境既包含了物理空间环境，又包含了广告所处的社会文化氛围。于是教学中的人与情境之间的互动关系在前文提到的直接和间接的人与社会互动之外，又增加了人与环境的关系。68 个课时的教学安排则可细化为学生与环境的互动、学生与社会的互动、作品与社会的互动三个阶段来实施（见表 5-1），以分别着力提高学生的理解水平、创意思维品质、行为改进与反思能力。

①体验——人与环境互动

基本内容：指导学生进行广告的实地调研，将学生的真实生活与广告设计教学建立起紧密的联系，并详细要求学生体验、感受广告与人、空间、时间、行为、意义之间的互动关系，还要求学生做好 PPT 在课堂上分享，其中的内容可供全班一起来讨论，以期通过这样的方式建立起较为宏观的、丰富的广告认知，提高学生对于广告设计的理解水平。

课时要求：18 课时。

"知识镶嵌于情境之中，只有在情境中获得知识，才能丰富认知结构[1]。"广告所处的真实环境是极其复杂多样的，脱离真实环境建立起来的对于广告

表 5-1 课程内容设计

三个阶段	序号	内容	具体说明	课时		分值比例
学生与环境的互动	1	实地调研	真实物理空间中的广告调查	8课时	18课时	20%
	2	线上体验	互联网上的虚拟环境调查	4课时		
	3	汇报1	调查报告的发布、讨论	6课时		
学生与社会的互动	4	方案创意	师生建立"实践共同体"，展开广告设计方案的讨论	14课时	30课时	40%
	5	设计表现	学生独立完成方案的细化和制作	8课时		
	6	汇报2	项目最终方案汇报、讨论	8课时		
作品与社会的互动	7	作品发布	线上、线下的作品展示	8课时	20课时	40%
	8	收集反馈	收集社会对于作品的反馈	6课时		
	9	汇报3	设计的反思与改良措施等的汇报	6课时		

设计的理解往往有点盲人摸象的意味。第一阶段的教学就是要求学生深入广告所处的真实环境中去，强化学生的亲历性和体验性，获取直观的认识。

学生对于环境的调研可以分为真实环境和虚拟环境两方面来展开。真实环境的体验，要求学生走出校园，进入城市的大街小巷，大到城市广场、城市地标，小到一个路灯杆、电梯轿厢，实地感受广告与城市空间的关系，了解广告与受众之间的关系，理解各类环境要素对于广告设计的潜在要求。虚拟环境的体验主要是针对线上广告来开展的，在"读屏"时代，人们总是在不同的屏幕之间切换，广告需要通过占有用户的一段时间来完成信息的传播。学生须从被动地看广告转向主动地感知广告，了解广告如何被人关注到，又如何能够被耐心地看完而不是被换台、切换页面，并快速地被更新、迭代，从而淹没在信息的海洋之中。通过实地的调查，同学们对于广告设计的讨论，就不再只停留在广告创意和表现技法上面，也往往突破了"说什么""怎么说"的局限，开始关注"在什么时候说""在什么地方""在什么环境下说""怎么与受众互动"等一系列问题。

②实践——人与人的互动

基本内容：通过分组合作的方式开展广告设计的课堂教学。在每个组内，学生、教师、校外专家成为"实践共同体"，可以在共同解决问题的过程中互相讨论、互相启发，不断拓展自己的思路，灵活、多样、全面地完成设计工作。最后的成果汇报阶段，则将全班同学都变成一个更大的"实践共同体"，进一步强化思维的多样性碰撞，提高设计思维品质。

课时要求：30课时。

根据班级上学生各自的特性，尽量保证每组同学性格、特长上的差异性，按照三人一组建立"实践共同体"，针对同一主题完成三套不同的设计方案，平面广告、视频广告、互动广告各一件（套）。教师不再是抽象知识的传授者，而是作为成员参与不同的"实践共同体"，与同学们一起设立目标，一起参与项目分析，一起头脑风暴，引导大家凭借集体智慧确定设计方案。对于学生个体而言，这样的方式可以检视自己思维的盲点，摆脱对于一些事情的偏见和孤芳自赏；优化自己的思路，从不同的创意角度获得多样的设计方

图 5-2 平面公益广告

图 5-3 视频公益广告（截屏）

图 5-4 互动公益广告（H5）

案；改良设计技法，获得丰富的设计表现手段。以上对于设计品质的提高是非常有帮助的。更为重要的是，在实践共同体中引入从业经验丰富的专家往往能够获得出人意料的促进作用，既提振了同学们的学习热情，又带来了新的思维方式，形成了类似于学徒制的教学氛围。

在团队互动中，同学们的设计思维得到了极大的拓展，成功突破了技术思维，也不再局限于某一单一的广告形式去展开创意了。以抗疫主题的广告设计为例，创意阶段更多的是关注了受众的接受、共鸣、互动等，最后才落实到是选用平面广告、视频广告还是 H5 广告的形式表现出来。在"实践共同体"中，每一位学生都参与了三种不同广告形式的作品的诞生过程，获得了设计的历练。在这一课程阶段最后的作业汇报中，作品还得再一次接受全班同学的审视和批评，这促使他们不断打磨自己的设计作品，并在交流之中获得更多的收获与启示。

③传播——作品与社会的互动

基本内容：在教师的帮助下，学生筹划广告设计作品的线上、线下展示，将自己的广告作品进行一定范围的社会化展示，亲身体验自己作品与社会的互动，并最终让设计作品从选题、创意、设计到发布，完成一个完整的项目闭环。然后收集各类反馈，尤其是一些差异化的、非正面甚至是相当负面的意见，仔细甄别，或讨论其合理性，或改良设计方案，并形成 1500 字的文字报告作为期末成绩评分的依据之一。

课时要求：20 课时。

第三阶段要求学生分组筹划开展作品的传播工作，不管是线上还是线下的展示，学生们都不得不设身处地地考虑媒体对于广告内容和形式的要求、设计作品的接受度和媒体对于作品展示的技术性限制等，这些都是学生实践能力的基本组成部分。广告设计作品的传播是作品与社会互动的重要形式，是学习主体透过设计作品这一载体与社会交互的过程，也是参与社会协商的过程。一件设计作品进入公众视野、影响他人之后才真正完成了其"广告"的使命，而不再是脱离了现实的"飞机稿"了。在传播过程中收到的反馈是广告设计作品与社会互动的结果，这些丰富多样的，甚至是出人意料的受众反馈都是进行作品反思、行动改进的依据，这对于学生广告实战能力的培养是至关重要的。下图是学生与自己设计的在上海地铁上展示的广告作品的合影，作品的对外传播既完成了作品与环境的互动，也完成了学生与社会环境的互动。前者中的作品与空间环境的互动关系为作品的设计形式提供了很多改进的空间，如构图、色彩等。后者是透过作品获得了设计内容表达上的反馈，可积累设计经验，也有助于优化学生的设计思维。

在互联网技术蓬勃发展的今天，在网络上展示作品并体验与受众的双向互动都是很好的学习过程。学生通过自己的微信、微博、抖音，或通过学校网站、微信公众号，或其他社会新媒体平台发布作品都是比较便捷的方式，这不仅是学习成果的展示，也是基于情境学习理论的必要教学环节之一。

教学小结

本课程秉持"学习是通过参与社会情境的互动过程来实现"的理念，通过引导学生体验人与环境的互动、人与社会的互动和作品与社会的互动三个阶段来层层深入地开展教学活动，并将课程评价放到各阶段的教学过程中去

图 5-5 同济大学学生在地铁上与自己的作品合影

图 5-6 学院官微展示　　　　图 5-7 学校官微展示　　　　图 5-8 澎湃新闻展示

[1]田园．探索信息时代高等教育的未来：英国设计专业教学启示[J]．艺术工作,2019(4):113-114.

落实，这是"对过程的重视程度远大于设计结果[1]"的一种体现。过程评价对提高学生的理解能力、设计思维品质和行动改进能力都起到了积极的促进作用，事实上这些评价内容按照传统教学评价方式，仅仅通过几件设计作品是很难窥其全貌的。近三年来，经过笔者指导的学生广告设计作品累计有100余件/套在上海地铁、公交站牌、移动电视、《新民晚报》、新华网、澎湃新闻等线上线下媒体进行了社会化的展示，学生们斩获包括全国平面公益广告大赛一等奖（人民日报社、教育部主办）、北京国际公益广告大会创意征集大赛金奖、上海大学生公益广告大赛金奖在内的百余奖项，教学成效初见端倪。不过我们也必须看到，并不是所有知识的传递都是依赖情境的，很多知识的学习也是可以通过抽象教学完成的，情境学习不是学校教育的全部。在高年级开设的基于情境学习的广告设计的教学，只有与前置课程的很多理论知识相结合，才能发挥出最佳的教学效果。

图 5-9 同济大学四平路校区西苑饮食广场展示同学们的公益广告作品

在倡导光盘行动的系列公益广告中，主体图形以用完餐后空空的碗、餐盘，与幻化的水蒸气一起构成一个"香"字，由此快速表达出对于光盘的肯定态度：吃光，才香，是对于节约粮食的接地气的诠释。广告语选用了借网络用语"不香吗"来与年轻受众沟通的策略，与主体图形相呼应，也锚定了图形要表达的意义。

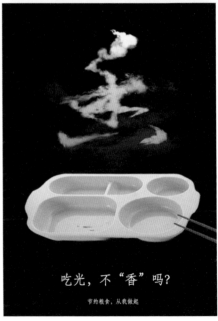

图 5-10 吃光，不"香"吗 / 王子祎 / 教学指导作品

图 5-11 同济大学嘉定校区大屏幕展示学生优秀作品

梳子在生活中是整理凌乱头发的重要工具。梳子上部是杂乱无章的各类垃圾的图标，而下部则整整齐齐地排成四行，秩序井然地分成了可回收垃圾、厨余垃圾、有害垃圾和其他垃圾四类，形象化地表达了垃圾分类的重要性。广告语"你我梳理，绿色未来"则阐明了垃圾分类更加深远的意义——绿色未来。

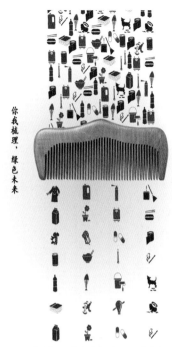

图 5-12 你我梳理，绿色未来 / 袁玉瑶 / 教学指导作品

分类（按照色彩）是魔方的基本玩法，手脑并用也是其基本特征，这恰恰是刚刚实行垃圾分类时人们面临的处境：既要动脑仔细分辨垃圾种类，又要动手分类。广告语"手脑并用，共造环境"点明了这层关系，也阐述了其对于人类的重要意义。

图 5-13 手脑并用，共造环境 / 廖婉如 / 教学指导作品

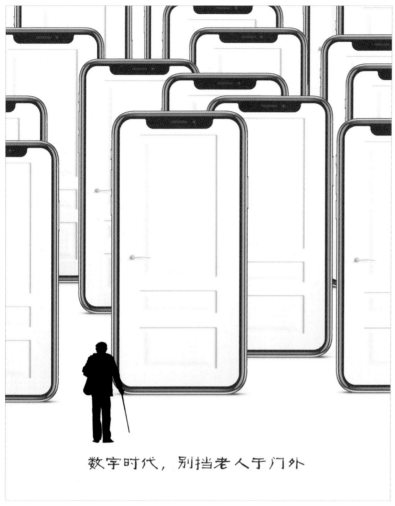

图 5-14 彷徨 / 刘怡晨 / 教学指导作品

《彷徨》旨在号召人们正视"数字鸿沟",重视智能时代各场景、各服务的"适老化"改造,帮助年长者使用智能设备,带领年长者进入真正的全民数字化,让数字化真正成为增添便利的工具而不是代际鸿沟。作品中众多手机与门构成的迷阵,与渺小而孤独的老人形成鲜明对比,展现出老年群体的无助、彷徨。画面尽可能简单、鲜明,突出"数字时代,别挡老人于门外"这一红色标语,增强本公益广告的易读性、可理解性。

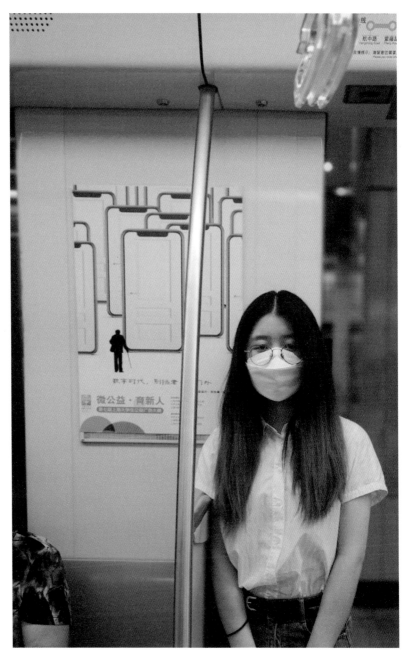

图 5-15 同济大学学生在地铁上与自己的广告作品合影

图 5-16 粮食 "0" 浪费 / 林蓓蓝 / 教学指导作品

图 5-17 同济大学学生与自己的作品合影

图 5-18 学生公益海报在同济大学和平路主干道上展出

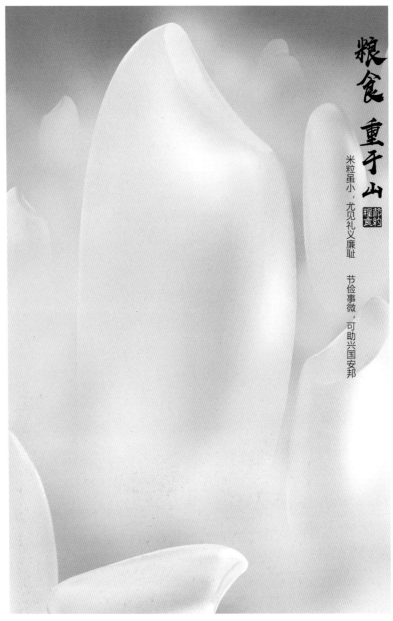

粮食 重于山

节约
粮食

米粒虽小 尤见礼义廉耻

节俭事微，可助兴国安邦

图 5-19 粮食重于山 / 刘婷 / 教学指导作品

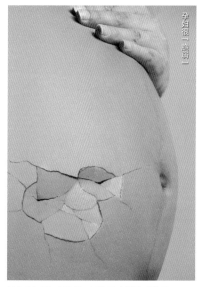

图 5-20 孕妇很脆弱 / 马珺瑶 / 教学指导作品

图 5-21 噪声——生活的杀手 / 唐芳 / 教学指导作品

图 5-22 融合之美 / 张思仪 / 教学指导作品

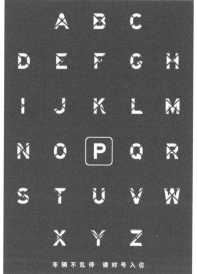

图 5-23 车辆不乱停，请对号入位 / 石亦曾 / 教学指导作品

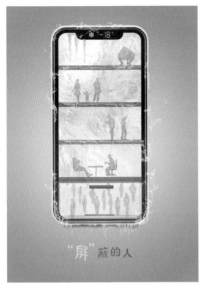

图 5-24 "屏"蔽的人 / 王小桐 / 教学指导作品

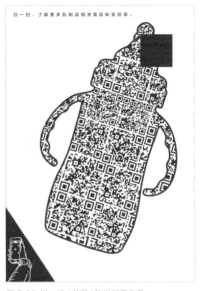

图 5-25 扫一扫 / 姜瀚 / 教学指导作品

图 5-26 动物很脆弱 / 李秋毅 / 教学指导作品

图 5-27 一起编织出更好的未来 / 孙钰婷 / 教学指导作品

4）特有的育人平台——上海市大学生公益广告育人联盟

　　2017年12月23日，上海市大学生公益广告育人联盟在同济大学成立。该联盟由同济大学、复旦大学、上海交通大学、华东理工大学、上海外国语大学、上海大学、上海理工大学、上海师范大学、上海应用技术大学、上海工程技术大学、上海视觉艺术学院、上海电影艺术职业学院、上海建桥学院、上海杉达学院、上海行健职业学院、上海工商外国语职业学院等本市16所热心公益广告事业且实际承担公益广告大赛项目的高校组成，希望在公益广告教育、征集、推广活动的过程中实现育人目标[1]。

　　上海市大学生公益广告育人联盟积极发挥上海高校公益广告的实践育人功能，建立上海高校创新性公益广告教育、设计、推广项目孵化基地，结合上海市各高校大学生的专业特色，开展公益巡讲、作品征集、学生实训、作

[1] 上海教育网
https://edu.sh.gov.cn/
xwzx_bsxw/20171228/
0015-xw_95530.html

图 5-28 上海市公益广告育人联盟成立（2017年）

图 5-29 上海师范大学交流（2017年）

图 5-30 上海工商外国语职业学院交流（2018年）

品展示、交流论坛等公益广告专题活动，以及着眼社会热点、公益话题及公益广告效果等专业课题的研究项目，鼓励开展公益广告基础性、原创性和应用性研究。联盟成立以来召开了多次规模不等的育人联盟会议，联盟代表积极、深入交流了各个院校在公益广告研究、课程思政、创意辅导，以及各自学校的相关保障、激励制度等方面的特色做法、心得，各院校在相互借鉴、学习中提升了联盟高校公益广告领域整体的教书育人水平。此外，联盟代表也对同济大学公益广告类活动的举办提出了很多建设性的意见，促进了同济大学相关活动举办的不断完善、升级。上海市大学生公益广告育人联盟已逐渐成为同济大学承办社会上各类公益广告活动的坚实后盾，成为上海市公益广告研究、生产、传播的一支不可忽视的力量。

图 5-31 公益广告育人联盟会议（同济大学，2023 年）

图 5-32 参加公益广告育人联盟会议的高校代表合影

5.2 学术活动

1）众媒时代下构建公益传播新生态

　　2017 年 12 月 2 日，"众媒时代下构建公益传播新生态"论坛在同济大学举行。与会者围绕"新公益、新广告""新理念、新传播""新生态、新教育"三个主题作了交流，共同探讨众媒时代下如何构建公益传播新生态。教育部新闻传播学类专业教指委副主任委员、中国人民大学新闻学院倪宁教授，复旦大学新闻学院程士安教授，厦门大学新闻传播学院常务副院长黄合水教授，华东政法大学传播学院院长范玉吉教授，中国新闻史学会广告与传媒发展史研究委员会会长杨海军，武汉大学新闻与传播学院李小曼教授，中国科学技术大学科技传播与科技政策系主任、新媒体研究院院长周荣庭教授，上海市广告协会副秘书长倪崿，新华社新闻研究所特约研究员、新华社中国经济信息社上海中心主任、上海经济研究中心主任梁智勇，上海教育电视台副台长陆生，阳狮上海整合创意合伙人印标才，安瑞索思首席创意官陶为民，蚂蚁金服品牌设计总监周鑫哲，澎湃新闻时事副总监兼任政治新闻报道主编陈良飞等人出席并作了主旨演讲。

图 5-33 论坛会场

图 5-34 论坛嘉宾与同济大学师生合影

2）长三角高校教师线上座谈会召开

2020年9月1日，"微公益·育新人"第七届上海大学生公益广告大赛长三角高校教师座谈会在腾讯会议上准时召开。来自南京林业大学、苏州科技大学、南京师范大学、浙江工商大学、浙江传媒学院、杭州师范大学、安徽大学、合肥工业大学、合肥师范学院、复旦大学、上海交通大学、同济大学、华东理工大学、东华大学、上海外国语大学、上海师范大学、上海理工大学、上海应用技术大学、上海杉达学院、上海建桥学院等20所高校的教师代表参加了此次会议，与会代表围绕各自学校广告设计领域的学科竞赛状况、课程思政、公益广告研究等方面展开了激烈的讨论，并给上海大学生公益广告大赛提出了诸多的宝贵意见。

公益广告研究中心主任鲁普及主持本次座谈会，并率先向与会嘉宾介绍了大赛的基本情况，阐述了基于"创作——发布——反馈"这一传播闭环的办赛理念。公益广告大赛总顾问、同济大学教师工作部周宏武副部长指出大赛是上海市知名的文化类项目，除了大家知道的比赛外，更多的是一个"文化育人"的活动，包括从宣讲会、训练营、论坛到社会化展会的一系列内容，强调了大赛流程的丰富性与特色。同济大学艺术与传媒学院副院长王建民教授表示非常感谢大家参与此次活动，并表示组委会将虚心倾听各位专家的宝贵意见，竭诚为大家做好服务，学院也会全力配合公益广告研究中心的工作。另外，大赛除了为教学服务之外，也要考虑如何在学术角度服务教师们的科研发展。

在接下来的讨论环节，各位老师畅所欲言。江苏省广告协会学术委员会副主任、南京林业大学艺术设计学院副院长杨杰指出，"课程思政"是当下本科教育的重点领域，公益广告就是其中非常具有代表性的一环，但是学生在创作时会有一些困惑，对于大赛调性的把握还需要时间摸索，例如上海大学生公益广告大赛就比较注重人文关怀和沟通实效，而不仅仅是设计语言上的鲜明特色等；同时也建议多方拓展学生们的思路，不要只局限于平面，数字化、动态化领域也值得好好发掘。苏州科技大学莫军华教授提出了人工智能背景下广告的研究方向，指出在现在已有的图像生成、效果评估的系统化

图 5-35 线上座谈会截屏图片

工程背后，算法依旧遵循了从草图到框架到优选再到输出这样一个人类设计师的创作模式，如何更有效地培育人工智能公益广告设计值得探究。

在大赛组织与提振学生参赛热情方面，各位老师也是积极建言献策。浙江传媒学院视觉传达设计专业主任徐浩、上海理工大学出版印刷与艺术设计学院副院长陶海峰和上海师范大学饶正杉均建议未来大赛要加强与长三角各类社会、行业组织的对接，进行专业资源的整合，以提高跨区域的大赛影响力，如与一些广告协会、设计协会合作等。东华大学陈庆军教授建议充分利用好上海作为"设计之都"的丰富资源，可以从获奖作品的展览入手，全面铺开宣传范围，例如选择在上海的地标性建筑上进行展示。

华东理工大学视觉传达设计专业主任单浩和合肥师范学院视觉系主任李辉周都提出了大赛宣传推广的建议，如加强公众号、抖音的推广；开展与公益类名人或网络大V的合作；除了专业教师外，还可发动高校辅导员的力量；优化学生参赛体验的问题，可将获奖作品放在外滩地标性建筑上展示等。此外，上海外国语大学崔莉萍教授提议在拟定大赛主题时，也可以询问大学生们的意见，问问他们对什么感兴趣，想做什么，从而以更大程度激发学生们的创造力与参赛的动力。

最后，鲁普及老师总结了会议内容，衷心感谢大家参加本次教师座谈会，并表示在过去的两个多小时内已经记录下了各位老师的发言内容，接下来要好好消化、吸收，综合大家建议不断优化大赛各方面的组织工作。

3）建党百年视阈下的"国家叙事"暨上海第三届数字公益广告论坛

2021年6月20日，由复旦大学新闻学院、上海市广告协会、复旦大学国家文化创新研究中心主办，复旦大学新闻学院广告学系、上海市公益广告创新发展研究中心、同济大学艺术与传媒学院公益广告研究中心共同承办的建党百年视阈下的"国家叙事"暨上海第三届数字公益广告论坛在复旦大学成功举办。来自北京大学、中国人民大学、中国传媒大学、武汉大学、厦门大学、华中科技大学、四川大学、暨南大学、深圳大学、广州美术学院等国内数十所高校的近百名专家学者参加了本次学术论坛。

中国广告协会学术委员会主任，北京大学新闻与传播学院党委书记兼副院长陈刚教授发表了题为《国际传播与广告的使命》的主旨演讲。厦门大学特聘教授、博导、中国广告教育研究会创会会长陈培爱教授发表了题为《公益广告与社会主义核心价值体系构建》的主旨演讲。两位来自业界的嘉宾——知名创意热店"MATCH·马马也"的创始人莫康孙及分众集团首席战略官、专业合伙人陈岩女士分别作了题为《品牌的社会责任与公益广告》《数字化时代公益广告传播策略思考》的主旨演讲，从公益广告传播的角度阐述了企业和品牌对于社会责任的履行与担当。在此次论坛举办期间，公益广告研究中心专门策划了"上海大学生公益广告大赛历届优秀作品展"，向与会的全国专家学者展示了当代大学生的公益情怀和创意设计能力。

图5-36 论坛全体嘉宾合影照片

5.3 上海公益广告展览馆

上海是我国近现代广告业发祥地，国内早期的报纸广告、霓虹灯广告、广播广告、新中国第一条电视广告、中国独立创意联盟等都诞生于此。作为经济晴雨表的广告已经成为上海这一国际金融中心城市的重要表征之一。

近年来，上海公益广告创作力量取得了举世瞩目的成绩。2013年，随着央视春晚播出一系列由上海广告人莫康孙领衔创作的公益广告《回家篇》《筷子篇》等，央视春晚公益广告新模式从此开启，也使得公益广告迅速成为全社会热点话题；北京冬奥会开幕式视效导演熊超创作的公益广告《绿色步行》赢得中国历史上第一座戛纳创意节设计类金狮奖……

在公益广告的活动方面，2015年以来同济大学参与组织了多项公益广告大赛，从最早的"'东道杯'国际大学生创意大赛"到"上海大学生公益广告大赛"，到"首届长三角公益广告征集大赛"再到"'我们的上海'2023上海市公益广告作品征集大赛"，前后历时九年有余，累计征集各类公益广告作品近四万件，涵盖平面、视频、H5、广播等类别。历年的优秀公益广告作品虽多次在高校巡展，并开展了多种形式的社会展示，获得了社会各界的欢迎，但终归是临时而短暂的。为了梳理这些公益广告活动的发展历程，充分展现当代大学生的风采和高校在公益广告上的育人成果，同济大学特地在嘉定校区开辟专门的空间设立"上海公益广告展览馆"。与此同时，出于推动产、学、研一体化发展的需要，也逐步遴选、收藏业界创意人的优秀公益广告作品，积聚全社会公益广告的智力成果，促进与业界的交流，建立广泛的公益广告共同体，服务于高校的公益广告教育，并推动上海公益广告事业的稳步发展。

上海在全国率先设立的公益广告展览馆，是深入学习贯彻党的二十大精神，践行社会主义核心价值观，增强中华文明传播力、影响力的举措；既有利于保护和传承中华优秀传统文化，倡导社会风尚、弘扬文明新风，也有利于传播上海红色文化、江南文化和海派文化，彰显上海城市软实力，助力上海加快建设具有世界影响力的社会主义现代化国际大都市和卓越全球城市。

上海公益廣告展覽館

图 5-37 展馆题名（严万翔）

图 5-38 同济大学嘉定校区惟新馆

图 5-39 惟新馆 B25 上海公益广告展览馆内景

图 5-40 回家·迟来的新衣（视频截图）/莫康孙/2013 年

《回家·迟来的新衣》是央视春晚 31 年来插播的首支公益广告，根据真人真事改编，由汪正年夫妇本色出演，讲述了在广东打工的一群农民工骑摩托车回老家过年的真实故事。这支公益广告在春晚播出后，反响热烈，不仅给汪家带来了很多的社会帮助，改变了其经济状况，而且开创了央视春晚公益广告新模式。

图 5-41 隔离的键盘 / 熊超 / 2011 年

图 5-42 让未来窒息 / 王申帅 / 2015 年

《隔离的键盘》将真实生活中的人物微缩化，放置于一个个孤立的玻璃瓶中，并组合成一个巨大的键盘，形象表达了沉迷于电脑带来的人与人之间的冷漠、孤独；而《让未来窒息》则是将窒息小孩的画面投射到偷排的有害气体之上，呼吁大家对有害气体说"不"。两者均打破常规，突破了体裁、文本的限制，意象独特、意料之外而又意义丰满，极具视觉和情感冲击力。

图 5-43 长青 / 靳埭强 / 2019 年

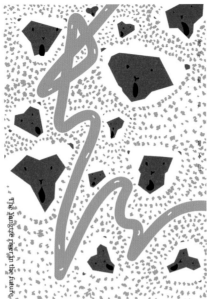

图 5-44 两岸猿声啼不住 / 黄河

图 5-45 霓虹上海 / 阮红杰

图 5-46 Nanjing Massacre / 郑邦谦

图 5-47 上海 / 黄陵野鹤

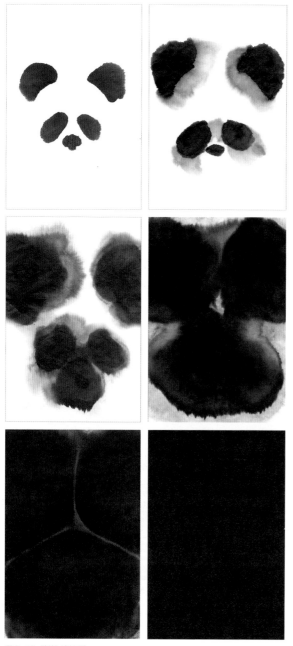

图 5-48 消逝 / 刘正法

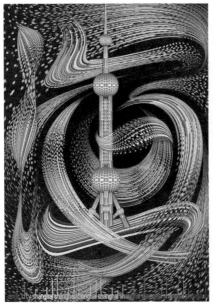

图 5-49 魔力上海 / 陈约瑟

图 5-50 百年再冲锋 / 张通、顾群业

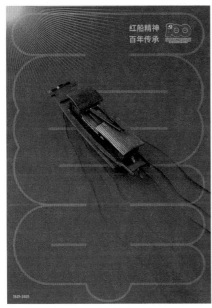

图 5-51 红船精神，百年传承 / 徐凯

图 5-52 上海 / 饶正杉

5.4 社会服务

近年来同济大学积极参与各类公益广告活动，在教书育人的同时开展各类社会服务工作：

2015 年，承办"东道杯"国际大学生创意大赛；

      （中国高教学会广告教育专委会、国家广告研究院主办）

2015 年，承办"上海大学生公益广告大赛"；

      （上海市精神文明办、上海市教卫党委、上海市教委主办）

2017 年，成立"上海市大学生公益广告育人联盟"，定期召开会议；

      （上海市教委授牌）

2019 年，"公益广告创意传播"立项；

      （中共上海市委宣传部与同济大学共建项目）

2020 年，上海教育系统"美好'食'光"主题作品征集活动；

      （上海市教卫党委主办）

2021 年，承办"首届长三角公益广告征集大赛"；

      （中共上海市长宁区委宣传部等主办）

2022 年，参加《上海市公益广告促进与管理制度研究》专项调研；

      （上海市市场监督管理局）

2023 年，承办"我们的上海"2023 年上海市公益广告作品征集活动；

      （上海市精神文明办、市场监督管理局、市绿化和市容管理局主办）

2024 年，参加《上海市公益广告条例》调研课题。

      （上海市市场监督管理局）

公益广告研究中心主任鲁普及积极参与公益广告类评审活动，如中国公益广告黄河奖、设计之都（中国·深圳）公益广告大赛、上海市关爱老人公益海报竞赛、上海市优秀广告作品展、"世界读书日"国际公益海报设计展、上海大学生公益广告大赛、"米兰设计周—中国高校设计学科师生优秀作品展"的公益赛道……出任"北京国际设计周—当代国际水墨设计展""首届京剧艺术国际海报双年展"联合策展人，长三角公益海报邀请展总策展人，持续输出公益广告领域的同济影响力。

图 5-54 工作推进会嘉宾合影　　　　　　　　　图 5-55 评委表决入围作品

图 5-56 复评评委与学生志愿者合影

图 5-57 同济大学党委副书记吴广明与终评评委们合影

同济大学百余年的办学历史，是与国家和民族命运休戚与共、相濡以沫的历史。公益广告涉及时政理念、公共政策、公共道德的宣扬，关乎社会可持续发展和社会文明程度的提高，同济大学参与不同形式的公益广告活动，不仅是广告学专业教书育人的重要内容，还是高效履行社会服务功能的体现。自2015年以来，同济大学就参与了中共上海市教卫党委、上海市教育委员会、中国高等教育学会广告教育专业委员会、上海市精神文明建设办公室、长宁区委宣传部、上海市市场监督管理局、上海市绿化和市容管理局、上海市教育发展基金会、上海市广告协会、上海市公益广告创新发展研究中心、复旦大学、上海建桥学院等多家机构主办的各类公益广告活动，不断扩大公益广告育人共同体，画大公益广告协同发展的同心圆，开展了形式多样的讲座、征集、评审、展览、调研、论坛等活动。在培育高校公益文化，提高公益广告的社会关注度，促进公益广告大发展上的多方协商、协作、协力方面，也在推动上海市文明培育和展示新时代上海城市文明新形象等方面切实履行了高校的担当与使命，贡献了越来越多的"同济力量"。

　　2023年，同济大学参与承办了"我们的上海"2023年上海市公益广告作品征集活动。该活动就是为学习宣传贯彻习近平新时代中国特色社会主义思想和党的二十大精神，落实中共上海市委宣传部关于打造城市形象品牌、提升城市软实力等相关要求，弘扬社会主义核心价值观，践行人民城市理念，厚植城市精神品格，以更扎实的举措推动文明培育、文明实践、文明创建再上新台阶，更好地展示新时代上海城市文明新形象而由上海市精神文明建设委员会办公室、上海市市场监督管理局、上海市绿化和市容管理局联合举办的。上海东方宣传教育服务中心（上海市公益广告协调中心）、闵行区精神文明建设委员会办公室、同济大学艺术与传媒学院公益广告研究中心参与承办了此次活动。本次征集活动设置了四个分主题：奋进的"上海"、文明的"上海"、文化的"上海"、美丽的"上海"，还专门展开了上海文明形象关键词的投票，征集到各类投稿作品4277件/套，在一定程度上展示了上海城市文明形象和市民文明素质，反映了文明培育、文明实践、文明创建工作成果。与之前的公益广告活动相比，此次活动完全摆脱了以"专业"为本、以"公益广告"为中心的思路，直面上海城市文明创建、城市形象建构的真实需求。此次活动标志着同济大学履行社会服务功能进入了更高的阶段，也昭示着一个新开端的到来。

伴随着公益广告研究中心更名为公益传播研究中心，同济大学还将持续在公益广告领域蓄力、发力，从教学、科研、社会服务各个方面做出应有的成绩，履行学校的历史使命和社会责任，助力我国公益广告事业的大发展。在对外社会服务上，一方面要结合当下媒介生态环境寻找恰当的机会，探索将"创意传播"的模式应用到活动组织的全过程中，激活更多的生活者，充分释放线下活动这一具身性传播的生命力、渗透力，使活动成效不断迈上新台阶。同时，总结相关的经验和教训，探索公益广告传播的新规律，提出具有解释和指导传播实践的相关理论，彰显高校在满足国家需求、回应时代呼声上的核心功能。另一方面要积极整合多方资源，汇聚各方公益力量，将创意更加深入地融入传播活动，寻求公共利益更大限度的实现。从公益广告到公益传播的转变，最为直观的变化就是将传播维度进行扩大，在观念传播、形象传播的基础之上，增加了"营销传播"。2024 年 3 月，我们参与了由中央广播电视总台农业农村节目中心、农业农村部信息中心、米兰设计周—中国高校设计学科师生优秀作品展组委会发起的"设计赋能'土特产'，助力乡村振兴"公益赛道的组织工作，共征集了 12823 件作品（见图 5-58）。这些融入地域文化、民俗风情的传播设计作品，不仅提升了"土特产"的市场竞争力，更激发了乡村产业的活力，为乡村振兴注入了新的动力，是营销传播与公共利益的完美结合。这成为我们公益传播的首度尝试。此外，我们近期策划的"上海汉字创意设计展"（见图 5-59），广泛邀请了上海都市

图 5-58 设计赋能土特产公益项目 / 大赛组委会提供

圈内的十多个城市的专业设计师和相关高校师生参与，致力于汉字文化的挖掘、汉字应用设计的推广，促进上海大都市圈文化认同和铸牢共同体意识。这无疑也是结合了学校和专业特色开展的公益传播项目。

未来我们还将围绕着"创意""公共利益"，不断实践、深入研究，补齐公益传播模型版图（见图5-60），争取不负时代，为促进社会和谐、文明程度的提高和可持续发展贡献绵薄之力。

道阻且长，行则将至！

图 5-59 上海汉字创意设计展 / 鲁普及 / 2024 年作

从公益广告到公益传播，不是否定"广告""公益广告"，而是探索实现"公共利益"的广度和深度：①彻底破除广告作品（advertisement）的局限，走向传播活动（advertising），也彻底打破传统广告形态的局限。②摆脱广告原有的"有偿""非人际"传播的等属性。"仪式性传播"中的意义共享、文化涵育功能就很难囊括在原公益广告的范围之内。本书将"公益广告大赛"作为创意传播的形式，就是认为其属于公益传播，但将其说成公益广告的话，显然不符合当下主流公益广告的定义。③以公共利益为出发点的"营销传播"实际上也是着眼于不确定数量群体的经济利益而言的，属于诉求于社会长远、整体发展的公益传播行为，但它恰恰又具有了商业广告的某些属性。④更重要的是，在理论方法上也要跳出百余年"广而告之"的逻辑和思维模式……当然，该模型尚在实践、总结经验教训、不断完善的过程中，此次抛出也是希望广泛参与社会协商，以期更好地改进、提高。

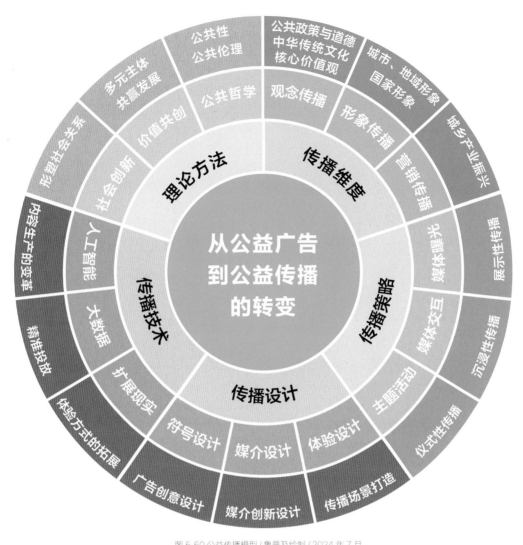

图 5-60 公益传播模型 / 鲁普及绘制 / 2024 年 7 月

后记
Epilogue

　　一晃我参与公益广告活动的组织已经有十年光景了。十年不长，十年间多少人、多少事如今想来还历历在目，第一次自己独自操刀整个活动的组织和执行的兴奋感仍记忆犹新；十年很长，3000余个日夜，足以沧海桑田，尤其是在这期间导师林家阳先生荣休了，在得知这一消息的一瞬间我似乎觉得自己老了很多，一直以来的学生心态荡然无存，已经退无可退，只能硬着头皮独自上场了！在当下高校评价指标聚焦在纵向项目和论文的背景下，通过举办公益广告相关的活动来支持教学和完成社会服务显然是费力不讨好的，这期间也有很多的朋友好言相劝我应该将时间和精力花在更有收益的地方。我也无数次在夜深人静之时，仔细拷问过自己这个问题，除了绪论里说到的公益广告情节以外，这件事情能够连续做上十年，还因为一段缘分、一群有趣的灵魂和一届又一届可爱的同学们，感谢在这期间遇到的每一个人。

　　早在2004年的时候，还在读研的我因负责当年同济大学画册的设计而认识了周宏武老师，当时他一票否决了我的设计方案……2015年，亦师亦友的周宏武老师已经是同济大学党委宣传部副部长了，在他的领导下我们一起承办了五届"上海市大学生公益广告大赛"。彼时彼刻，大家激情满满、干劲十足，很多事情他都亲力亲为、甘为孺子牛，在尊重专业的意见的同时也时时刻刻想着大赛怎样能够更好地支持专业的发展，心心念念着怎么样才能提升同学们的专业设计能力，这着实难得。2020年我独自承担起大赛的组织工作时，才真切感受到大赛组织的不易，原来之前他默默地在背后承担了太多、太多，也倍感原来美好经历的难得。记得好几年前我就和周老师谈起过，要出版一本上海创意大咖们的演讲录之类的书，一不小心耽搁了这么多年。后面我还将会以公益、以访谈的名义将我们这个共同的想法落实下去，以示对那段时光最好的纪念！

　　我自认为是极为内向之人，每每和陌生人打交道都要做很长一阵子心理建设，从小如此，如今依然。近十年来，我为了公益广告逼着自己经常叨扰圈内的同仁们，也因此接触到一群可敬的师友，一群有趣的广告人、设计师们。他们不仅激励我前行，也让我在专业能力、专业精神上都收获颇丰，丰富了我的人生体验，这也是我能够孜孜不倦并坚持多年的根本原因。他们是广告圈的莫康孙、张惠辛、熊超、李丹、杨烨炘、陶为民、孙二黑、赖致宇、王申帅……设计圈的解建军、沈浩鹏、马德岗、张展、时澄、阮红杰、张徐伟、孙大旺、郑邦谦、刘正法、张勇、辛洁暐……高校圈的丁俊杰、倪宁、金定海、严三九、李中扬、肖勇、顾铮、莫军华、陈庆军、邬盛根、李华强、单浩、饶正杉……莫康孙先生总是精神饱满、风度翩翩、温文尔雅，每次都穿戴得体，对待专业既热情满满，又一丝不苟；金定海老师幽默风趣，总能以新颖的视角看待身边一切事，给人耳目一新的感觉，他的存在就是对"创意"的生动诠释；熊超激情四射，视野宽广，激扬创意，专业至上，容不得一粒沙子，令我们一众人都深受感染……特别要说到的是倪嵋老师，他在上海市市场监督管理系统长期从事广告和商标监督管理工作，从原上海市工商局商标事务所副所长，辗转来到上海市广告协会出任副秘书长并兼公益广告工作委员会秘书长和上海市公益广告创新研究发展中心常务副主任。他热爱广告，更热心于公益广告事业，虽到退休的年龄却依然保有使命和担当，始终心系上海市公益广告的发展，带领科研团队完成了促进上海市公益广告发展研究调研课题，并理论结合实践出版了《中外广告法规与管理》教材。他淡泊名利，每有媒体采访或露脸的机会他总是辞让……然而只要是公益广告相关活动，他总是义不容辞，费心出力。对于同济的公益广告类活动，他从来没有落下过，除了出谋划策以外，还总是给予各种积极评价或赞许，这让每每处于困顿之中的我，重燃公益广告工作的热情。

　　每次遇到金定海老师，他总是反复地说鲁老师仅凭一个人把大赛办起来，

有趣的灵魂

2015 年"东道杯"国际大学生创意大赛大学生志愿者（黄诗慧、周思灵）

2021 年第七届上海大学生公益广告大赛的学生志愿者们
（从左往右：施佳妮、张思仪、马诗瑶、孔海洁、鲁普及、龚悦宁、熊亮、陈璐、王逸潇）

还能坚持这么久，真不容易！实际上我知道，他说的是活动操作层面就我一个人，没有专业执行团队，同事们也是有限地帮衬一下，是我一个人一直在孤独地支撑着……对于金老师的体谅，我一直心存感激！实际上这十年能够坚持下来，还得归功于我背后有一群可爱的同学们，很多对于我来说很艰难的工作对于他们来说却是举手之劳。至今，我依然记得承办"东道杯"国际大学生创意大赛的时候，我一个人带着七位广告学专业的同学完成整个项目，他们是黄诗慧、安星旭、陈子轩、周思灵、周星宇、沈欣悦、赵博雅。应该说工作强度还是蛮大的，那段时间同学们经常奔波于四平路校区和嘉定校区之间，有时还要加班到凌晨……第二年我尝试着问大家：又来活了，可有兴趣再干一票的时候，大家却给出了肯定的答复。于我而言，这就是最大的底气！此后多年参加志愿者服务的同学还有何荣星、姜瀚、宋沛阳、李秋毅、陈璐、柳加伟、吴琼、岳天阳、严诗洁、吴佩璇、彭冰思、施佳妮、张思仪、马诗瑶、孔海洁、龚悦宁、熊亮、王逸潇、刘畅、聂品、许立榕、郑婷婷、倪金淼、王梓名、梁佳惠、李润泽、张立锐、符晋豪、李沛轩、王夏、

可爱的同学们

朴书慧……2021年，同学们看到我忙前忙后的，就偷偷买了束鲜花给我，我拍了照，将其分享、珍藏在我的微信朋友圈里了！

总有人问我，就你一个人怎么敢于承办一个大赛。我总是回答，林家阳先生一个人就可以，并且所有细节都做到无可挑剔……是他突破了我的认知，让我觉得我可以！虽然他已经退休，但他做事的魄力、精神、态度总萦绕于我心中，时时刻刻鞭策我前进。我自觉生性愚钝，经过这么多年的历练却依然在诸多方面与先生有相当的差距，好在师友们对我一直以来的宽容、理解，让我误以为自己做得还行，从而不至于过度气馁与自责，以至于磕磕绊绊就做了这么多年。

此外还需要感谢同济大学的领导和同事们，他们是学校宣传部副部长顾旭峰，艺术与传媒学院党委书记张艳丽、院长李麟学、副院长王建民、副院长徐翔，前书记覃文忠，前院长董华，前副院长王冬冬、余克光，前副书记陈荣、李睿，前学工办主任夏贞莉这么多年对于公益广告活动给予的不同形式的指导和帮助，同事王鑫、孙军莹、张铭旭、梅明丽、蔡涛、汪靖、赵勇智、张艳、季蓓、程彦平、黄美琴、金云水、厉嘉臣、程立生、盛柏、方红峰、李向科、李英春、王列娜、刘芸、贾童谣等老师都以不同的形式参与、支持了相关活动的开展，在此一并感谢！

2024 年 8 月 9 日

众志成城（青铜）/ 鲁普及 / 2018 年作